KURIOSITÄTEN DES LEBENS

DAS HUMORVOLLE RENTNERHANDBUCH

WEIL MAN NIE ZU ALT IST, UNSINN ZU LERNEN.
DAS ULTIMATIVE BUCH FÜR LUSTIGE UND ENTSPANNTE TAGE.

AMARA VERLAG

Der Unterhaltungsfahrplan

Lachfalten garantiert: Einleitung ins Vergnügen

Herzlich willkommen, liebe Leserinnen und Leser,

zu einem ganz besonderen Abenteuer für die goldenen Jahre: Kuriositäten des Lebens: Das humorvolle Rentnerhandbuch. Mit diesem Buch bieten wir Ihnen nicht nur Unterhaltung, sondern auch eine Menge schmunzelnder Momente und faszinierende Anekdoten.

Stellen Sie sich vor, Sie sitzen gemütlich in Ihrem Lieblingssessel, die Sonne scheint durch das Fenster, und Sie halten ein Buch in den Händen, das voller amüsanter, skurriler und oft überraschender Wissenshäppchen steckt. Genau dieses Erlebnis wollen wir Ihnen mit diesem Buch schenken! Ob verblüffende historische Fakten, die selbst erfahrene Geschichtsbücher alt aussehen lassen, oder vergnügliche Wissenschaft, die zeigt, dass auch Forscher manchmal einen Spaß verstehen – wir haben für jeden etwas dabei.

Tauchen Sie ein in Geschichten aus längst vergangenen Zeiten, die mehr als nur trockenes Wissen bieten. Lernen Sie kulturelle Relikte kennen, die Sie staunen lassen, und kulinarische Kuriositäten, die Sie zum Schmunzeln bringen.

Aber das ist noch nicht alles! Um Ihre Freizeit abwechslungsreich zu gestalten, haben wir auch eine bunte Mischung aus Witzen, Rätseln und kurzweiligen Geschichten zusammengestellt. Lachen Sie herzhaft über skurrile Anekdoten, fordern Sie Ihren Geist mit kniffligen Rätseln heraus und lassen Sie sich von humorvollen Kurzgeschichten verzaubern.

Dieses Buch ist mehr als nur eine Sammlung von Fakten – es ist Ihr treuer Begleiter für glückliche und heitere Stunden. Egal ob allein oder in Gesellschaft, dieses humorvolle Handbuch wird Ihre Freizeit bereichern und Ihnen stets ein Lächeln ins Gesicht zaubern.

Genießen Sie die goldenen Jahre mit einer ordentlichen Portion Humor und entdecken Sie die Kuriositäten des Lebens. Lassen Sie sich überraschen, inspirieren und vor allem: Lassen Sie sich gut unterhalten!

Viel Vergnügen beim Lesen und Lachen!

1. Allgemeine Fakten rund um den Ruhestand

Der älteste Rentner der Welt?

Jiroemon Kimura aus Japan bezog seine Rente satte 45 Jahre lang, bevor er 2013 im stolzen Alter von 116 Jahren verstarb.

Das erste Rentensystem

das erste staatlich anerkannte Rentensystem im Jahr 1889 in Deutschland eingeführt wurde? Dank Otto von Bismarck!

Nicht nur ältere Herren genießen ihren Ruhestand

Frauen stellen weltweit mehr als die Hälfte aller Rentenempfänger dar.

Rentner sind Reisefreudig

Studien zeigen, dass Rentner bis zu 40% mehr Zeit auf Reisen verbringen als während ihrer Berufstätigkeit.

Rentner und das Internet

Trotz aller Klischees nutzen über 70% der über 65-Jährigen täglich das Internet.

Das Durchschnittsalter

Das Durchschnittsalter für den Renteneintritt in Deutschland liegt momentan bei 64 Jahren.

Goldene Jahre?

Der Begriff "Goldene Jahre" wurde erstmals in den 1950er Jahren in einer Werbekampagne für Seniorenheime verwendet.

Rente auf Rädern

Fast ein Drittel aller Wohnmobilbesitzer in Deutschland sind Rentner.

Literatur im Alter

Agatha Christie schrieb einige ihrer erfolgreichsten Detektivgeschichten, als sie bereits im Rentenalter war.

Altersweisheit

Albert Einstein war bereits im Ruhestand, als er seine berühmte Theorie der allgemeinen Relativitätstheorie formulierte.

Ältere Athleten

Der älteste Marathonläufer der Welt, Fauja Singh, lief im Alter von 100 Jahren einen Marathon.

Grüner Daumen

Studien zeigen, dass Gartenarbeit nicht nur entspannend ist, sondern auch die geistige Gesundheit verbessern kann.

Mehr Zeit für Enkelkinder

Großeltern verbringen im Durchschnitt viel mehr Zeit mit ihren Enkeln als noch vor einer Generation.

Senioren im Ehrenamt

Über die Hälfte aller Ehrenamtlichen in Deutschland sind über 65 Jahre alt.

Filmstars im Ruhestand?

Viele bekannte Schauspieler haben ihre Karrieren erst im Rentenalter zu ihrem Höhepunkt geführt – denken Sie an Judi Dench oder Morgan Freeman.

Graue Power

Wussten Sie, dass in Deutschland mehr Rentner Smartphones besitzen als Teenager? Wer sagt, dass Technik nur was für die Jugend ist?

Senioren-Rabatte

Rentner bekommen fast überall Rabatte – ob im Museum, Kino oder beim Friseur. Spart Geld und macht das Leben angenehmer, oder?

Früher Vogel

Der typische Rentner steht im Durchschnitt eine Stunde früher auf als während seiner Berufstätigkeit.

Bücherwürmer

Rentner lesen durchschnittlich drei Mal so viele Bücher pro Jahr wie der durchschnittliche Erwachsene. Das nennt man Lebensweisheit!

Tanzvergnügen

Der Weltrekord im Dauer-Tanzen wird von einem Rentnerpaar gehalten. Über 5 Stunden non-stop!

Wanderlust

Deutschlands ältester aktiver Wanderer ist über 90 Jahre alt. Der Ruhestand kann kommen, die Wanderschuhe bleiben.

Senioren im Internet

Die am schnellsten wachsende Nutzergruppe auf Facebook sind Personen über 65.

Rente für jedermann

In einigen Ländern bekommen Tiere offiziell Rente, wie z.B. Diensthunde bei der Polizei und Militär.

Sportlich, sportlich

Die Anzahl der Senioren, die Marathon laufen, hat sich in den letzten zehn Jahren verdoppelt.

Spaß im Alter

Der älteste aktive Stand-up-Comedian ist über 80 Jahre alt. Humor kennt kein Verfallsdatum!

Lebenslange Liebe

Die durchschnittliche Dauer einer Ehe bei Rentnern liegt bei über 40 Jahren.

Doppelte Rentner

Es gibt Orte in Deutschland, wo es mehr Rentner als Kinder gibt. Rentnerparadiese!

2. Historische Kuriositäten

2.1 Vergessene Erfindungen

Der 8-Spur-Kassettenrekorder

In den 1960er Jahren war der 8-Spur-Kassettenrekorder der letzte Schrei für mobile Musik, bevor der Walkman ihn ablöste.

Der Diaprojektor

Ein beliebtes Medium für Familienabende, das Urlaubsbilder und besondere Anlässe in Szene setzte. Der Diaprojektor ist heute fast gänzlich durch digitale Technologien ersetzt worden.

Die Schreibmaschine mit Kugelkopf

Diese Innovation revolutionierte das Schreiben durch schnelleres und leichteres Tippen, ist aber in der Ära der Computer fast vergessen.

Die Wählscheibe am Telefon

Bevor Tasten und Touchscreens kamen, war die Wählscheibe der Standard für Telefone.

Der Videorekorder (VCR)

In den 70er und 80er Jahren ein Muss in jedem Haushalt, um TV-Sendungen aufzuzeichnen und später anzuschauen.

Der Puck-Man Spielautomat

Bekannter unter dem späteren Namen Pac-Man, faszinierte diese frühe Videospielkonsole eine ganze Generation.

Analoge Fotokameras mit Film

Vor der digitalen Revolution war das Fotografieren mit Filmrollen und das Warten auf entwickelte Bilder ein besonderes Erlebnis.

Das Telespiel

Vor den modernen Konsolen gab es einfache Telespiele, die man an den Fernseher anschließen konnte.

Der Diskman

Nachfolger des Walkmans, ermöglichte der Diskman das Abspielen von CDs unterwegs.

Der Taschenrechner mit Druckfunktion

Diese Rechner waren in den 1970er Jahren populär, besonders bei Buchhaltern und Ingenieuren.

Die Floppy Disk

Einmal das bevorzugte Medium zur Datenspeicherung, heute nur noch in Technikmuseen zu finden.

Die Röhrenfernseher

Schwer und klobig, waren sie die Zentren des Familienunterhaltungsraums, bevor Flachbildschirme aufkamen.

Das Diktaphon

Einst unerlässlich für Sekretariate und Reporter, heute größtenteils durch Smartphones ersetzt.

Der Pager

Vor dem Handy war der Pager essentiell für schnelle Kommunikation, insbesondere bei Ärzten und Servicepersonal.

Die Kofferradios

Tragbare Radios, oft mit Kassettenspieler, waren die Begleiter jeder Jugendlichen in den 1960er und 70er Jahren.

Die Jukebox

In den 50ern und 60ern ein Highlight in jedem Café und jeder Bar, spielte sie Musik von Schallplatten.

Das Telex

Eine Art frühes Faxgerät, das zur Übermittlung von Nachrichten über große Entfernungen diente.

Der Rechenschieber

Vor dem Taschenrechner war dieser das Hauptwerkzeug für schnelle Berechnungen.

Das CB-Funkgerät

Beliebt in den 1970er Jahren, besonders bei Fernfahrern und Autoenthusiasten.

Die Heimorgel

Ein beliebtes Musikinstrument in vielen Haushalten der 1970er Jahre.

Das Röhrenradio

Mit seinem warmen Klang und oft kunstvollen Gehäusen ein Schmuckstück in jedem Wohnzimmer der 50er Jahre.

2.2 Historische Fehltritte

Die Einführung der "New Coke"

1985 änderte Coca-Cola seine Rezeptur, was bei Konsumenten für einen Aufschrei sorgte und das Unternehmen dazu zwang, nach nur wenigen Monaten zum ursprünglichen Geschmack zurückzukehren.

Das Betamax-Fiasko

Sony setzte in den 1970er Jahren auf das technisch überlegene Betamax-Format, während VHS den Markt eroberte und Betamax in die Bedeutungslosigkeit verdrängte.

Der Berliner Flughafen BER

Ein Flughafenprojekt, das wegen Baufehlern und Planungsmängeln jahrelang verspätet und mit enormen Kostensteigerungen schließlich 2020 eröffnet wurde – neun Jahre nach dem ursprünglichen Termin.

Der "Edsel" von Ford

1957 brachte Ford das Auto-Modell "Edsel" auf den Markt, das als eines der größten Flops in der Automobilgeschichte gilt, da es weder ästhetisch noch funktional überzeugen konnte.

Die Einführung des Dosenhüpfens in Schulen

Eine kurze Modeerscheinung in den 1970er Jahren, bei der Schüler in den Pausen über leere Dosen sprangen – bis zu zahlreichen Verletzungen und einem baldigen Verbot.

Die Bay of Pigs Invasion

1961 versuchte die USA erfolglos, Fidel Castro durch eine Invasion in der Schweinebucht zu stürzen, was das Vertrauen in die US-Regierung erschütterte.

Die "Sinclair C5"

Ein elektrisch betriebenes, dreirädriges Mini-Fahrzeug, das 1985 auf den Markt kam und wegen mangelnder Sicherheit und Reichweite floppte.

Der "Heißluftballon von Roswell"

1947 führte ein abgestürzter Wetterballon zur Legende eines UFO-Absturzes in Roswell, New Mexico – ein Missverständnis, das bis heute in Verschwörungstheorien lebt.

Der Vietnamkrieg

Eine lange und verlustreiche Auseinandersetzung für die USA, die 1975 endete und als ein strategischer und moralischer Fehltritt in die Geschichte einging.

Der Y2K-Bug

Die Panik vor dem Jahrtausendwechsel 2000, bei dem Computer weltweit angeblich versagen sollten, entpuppte sich als weitgehend unbegründet.

Der "Commodore PET"

Einer der ersten Heimcomputer, der zwar technisch beeindruckend war, aber wegen schlechter Marketing-strategien und Preispolitik scheiterte.

Der "Cabbage Patch Kids"-Hype

In den 1980er Jahren verursachte der Mangel an diesen Puppen Panikkäufe und sogar Handgemenge in Spielzeugläden.

Das "Concorde"-Desaster

Ein ambitioniertes Überschallflugzeug-Projekt, das wegen hoher Betriebskosten und eines tragischen Unfalls 2000 eingestellt wurde.

Die Ölkrise 1973

Politische Fehlentscheidungen führten zu einer drastischen Erhöhung der Ölpreise und zu erheblichen wirtschaftlichen Turbulenzen weltweit.

Die Mauer in Berlin

Der Bau der Berliner Mauer 1961 führte zu Jahrzehnten der Trennung und wurde 1989 schließlich als politischer Fehler erkannt und abgerissen.

Die "New Math"-Bildungsreform

Eine verwirrende und unpopuläre Mathematik-Lehrmethode in den 1960er Jahren, die bald wieder abgeschafft wurde.

Die Einführung des "Tschernobyl"-Reaktors

1986 führte eine Serie von Fehlentscheidungen und mangelnde Sicherheitsvorkehrungen zur schlimmsten nuklearen Katastrophe der Geschichte.

Das Space Shuttle "Challenger"

Die tragische Explosion 1986, die durch technische Mängel und Entscheidungsträgheit verursacht wurde, erschütterte das Vertrauen in die Raumfahrt.

Die "Segway"-Revolution

Als das Fortbewegungsmittel der Zukunft beworben, konnte sich der Segway wegen hoher Kosten und praktischer Nachteile nie durchsetzen.

Der "Dotcom"-Boom und -Crash

Ende der 1990er Jahre führte der Hype um Internetfirmen zu einer massiven Spekulationsblase, die Anfang der 2000er Jahre platzte und erhebliche wirtschaftliche Verluste verursachte.

Die "Pet Rock"-Mode

Mitte der 1970er Jahre wurden Steine als Haustiere verkauft – ein kurioser Trend, der schnell verschwand.

Der "Sony MiniDisc"

Ein vielversprechendes Audioformat, das sich nie gegen CDs und später MP3-Player durchsetzen konnte.

Der "Red Scare" in den USA

In den 1950er Jahren führte die Angst vor Kommunismus zu Hexenjagden und der Zerstörung vieler Karrieren, ohne wirkliche Bedrohungen zu beseitigen.

Das "Ford Pinto"-Desaster

Ein Auto, das wegen eines Konstruktionsfehlers bei Unfällen leicht in Flammen aufging, was zu vielen Todesfällen und einem enormen Imageverlust für Ford führte.

Der "Nuclear Freeze"

Die Angst vor einem Atomkrieg führte in den 1980er Jahren zu zahlreichen, oft irrationalen Sicherheitsvorkehrungen, die teilweise absurd wirkten.

Die "Bee Gees"-Disco-Ära

Obwohl die Bee Gees zur Ikone des Disco-Sounds wurden, führte der Disco-Hype der 1970er Jahre auch zu einer schnellen Übersättigung und Ablehnung des Genres.

Der "Eurovision"-Songcontest-Skandal

1969 endete der Wettbewerb mit einem seltenen Vierfach-Sieg, weil die Regeln keinen klaren Gewinner vorsahen, was zu viel Verwirrung und Unmut führte.

3. Vergnügliche Wissenschaft

3.1 Skurrile wissenschaftliche Entdeckungen

Penicillin (1928)

Alexander Fleming entdeckte das Penicillin zufällig, als er bemerkte, dass Schimmelpilze in einer Petrischale Bakterien abtöteten.

Mikrowellen (1945)

Percy Spencer entdeckte die Mikrowellenstrahlung zufällig, als ein Schokoladenriegel in seiner Tasche schmolz, während er an aktiven Radarsystemen arbeitete.

Viagra (1998)

Ursprünglich als Medikament für Herzbeschwerden entwickelt, entdeckten Forscher zufällig die Wirkung von Viagra auf erektile Dysfunktion.

Teflon (1938)

Roy Plunkett entdeckte Teflon zufällig, während er an Kühlmitteln arbeitete und feststellte, dass eine Probe zu einer gleitfähigen Substanz polymerisiert war.

Klebezettel (Post-it Notes) (1968)

Spencer Silver entwickelte einen schwach haftenden Klebstoff, der erst später zur Erfindung der Post-it Notes führte.

Kunststoff (1907)

Leo Baekeland erfand Bakelit, den ersten vollsynthetischen Kunststoff, ganz zufällig, während er nach einem Ersatz für Schellack suchte.

Süßstoff Saccharin (1879)
Constantin Fahlberg entdeckte zufällig Saccharin, als er bemerkte, dass seine Hände süß schmeckten, nachdem er im Labor gearbeitet hatte.

Röntgenstrahlen (1895)
Wilhelm Conrad Röntgen entdeckte die Röntgenstrahlen zufällig, während er mit Kathodenstrahlröhren experimentierte.

Radioaktivität (1896)
Henri Becquerel entdeckte die Radioaktivität zufällig, als eine fotografische Platte unerwartet durch Uransalze belichtet wurde.

LSD (1943)
Albert Hofmann synthetisierte LSD zunächst zur Unterstützung der Geburtshilfe, bevor er die halluzinogenen Effekte nach einer versehentlichen Einnahme entdeckte.

Pacemaker (1950)
Die ersten tragbaren Herzschrittmacher entstanden zufällig, als Wilson Greatbatch einen falschen Widerstand in ein Gerät einbaute.

Velcro (Klettverschluss) (1948)
George de Mestral erfand den Klettverschluss, nachdem er bemerkte, wie schwer es war, Kletten aus dem Fell seines Hundes zu entfernen.

Gorilla-Glas (1952)
Ursprünglich in den 1950er Jahren entwickelt, fand dieses superharte Glas erst Jahrzehnte später Verwendung in Smartphones und Tablets.

Quantenverschränkung (1935)
Albert Einstein beschrieb dieses Phänomen zuerst als "spukhafte Fernwirkung", was heute die Grundlage der Quanteninformatik bildet.

Plastination (1977)
Gunther von Hagens entwickelte die Plastination, eine Methode zur Konservierung biologischer Proben, die heute in Körperwelten-Ausstellungen zu sehen ist.

Antimaterie (1932)
Carl Anderson entdeckte das Positron, ein Teilchen von Antimaterie, während er kosmische Strahlung untersuchte.

Stratosphärensprung (2012)
Felix Baumgartner's Sprung aus der Stratosphäre brach nicht nur Höhenrekorde, sondern lieferte auch wertvolle Daten über die menschliche Belastbarkeit in extremen Bedingungen.

Cyanoacrylat (Superkleber) (1942)
Harry Coover entdeckte den Superkleber zufällig, während er nach einem Material für klarere Gewehrsichtfenster suchte.

Aerogel (1931)

Samuel Kistler erfand Aerogel, auch "gefrorener Rauch" genannt, das zu den leichtesten festen Materialien der Welt zählt.

Die Entdeckung von Exoplaneten (1992)

Die ersten Exoplaneten wurden entdeckt, was unsere Vorstellung von möglichen außerirdischen Welten erweiterte.

Dunkle Materie (1933)

Fritz Zwicky postulierte die Existenz von Dunkler Materie, nachdem er unerklärliche Effekte in der Bewegung von Galaxien feststellte.

Synthetisches Insulin (1982)

Forscher entwickelten das erste gentechnisch hergestellte Insulin, das Millionen von Diabetikern das Leben erleichterte.

3.2 Mythen der Wissenschaft

Phlogistontheorie

Diese Theorie postulierte, dass ein feuerähnliches Element, Phlogiston, bei der Verbrennung freigesetzt wird. Sie wurde durch die Entdeckung des Sauerstoffs widerlegt.

Spontane Generation

Die Annahme, dass Leben aus unbelebter Materie entstehen kann, wurde durch Experimente von Louis Pasteur widerlegt, der zeigte, dass Mikroorganismen für Fäulnisprozesse verantwortlich sind.

Äthertheorie

Vor der Relativitätstheorie glaubte man, dass der Äther als Medium für die Ausbreitung von Lichtwellen dient. Albert Einsteins Arbeit machte diese Annahme obsolet.

Miasma-Theorie

Diese Theorie behauptete, dass Krankheiten durch schlechte Luft (Miasma) verursacht werden, was später durch die Keimtheorie widerlegt wurde.

Lamarckismus

Jean-Baptiste Lamarck schlug vor, dass erlernte Eigenschaften vererbt werden können, was durch die moderne Genetik widerlegt wurde.

Vier-Säfte-Lehre

Diese antike Theorie besagte, dass menschliche Gesundheit von vier Körpersäften abhängt: Blut, Schleim, schwarze Galle und gelbe Galle. Moderne Medizin hat dies längst widerlegt.

Die Planetenbahnen als perfekte Kreise

Johannes Kepler bewies, dass die Planetenbahnen Ellipsen sind, nicht perfekte Kreise, wie von früheren Astronomen angenommen.

Vitalismus

Die Vorstellung, dass lebende Organismen durch eine "Lebenskraft" angetrieben werden, wurde durch die chemische Synthese von Harnstoff, die zeigte, dass organische Verbindungen auch im Labor hergestellt werden können, widerlegt.

Kalorikum-Theorie der Wärme

Diese Theorie betrachtete Wärme als eine unsichtbare Flüssigkeit. Sie wurde durch das Konzept der Wärme als Energieform ersetzt.

Martian Canals

Die Annahme, dass auf dem Mars künstliche Kanäle existieren, stellte sich als Fehlinterpretation natürlicher Oberflächenmerkmale heraus.

Homunkulus-Theorie

Frühere Theorien der Embryonalentwicklung nahmen an, dass ein kleiner, vollständig geformter Mensch im Sperma existiert.

Alchemistische Transmutation

Die Suche der Alchemisten, unedle Metalle in Gold zu verwandeln, scheiterte an der Unmöglichkeit der Transmutation von Elementen durch chemische Mittel.

Die Erde expandiert

Diese Theorie behauptet, dass die Größe der Erde zunimmt, was geologisch und physikalisch unhaltbar ist.

Das Planetenmodell des Atoms

Frühe Modelle des Atoms sahen es als Miniatur-Sonnensystem, was durch das Quantenmodell ersetzt wurde.

Blondinensterben aus

Eine zeitweise populäre mediale Behauptung, die genetisch unbegründet ist.

Kontakt mit Lepra ist hoch ansteckend

Moderne Erkenntnisse zeigen, dass Lepra nicht so leicht übertragbar ist, wie früher angenommen.

Meerjungfrauen

Historische Berichte über Meerjung-frauen wurden oft als Sichtungen von Seekühen oder anderen Meerestieren erklärt.

Hohlwelt-Theorie

Die Vorstellung, dass die Erde innen hohl ist und möglicherweise eine eigene Sonne hat, wurde durch geologische Beweise widerlegt.

Kaltfusion

Die Behauptung der Kaltfusion als saubere Energiequelle konnte unter wissenschaftlichen Bedingungen nicht wiederholt werden.

Dinosaurier als träge, kaltblütige Reptilien

Moderne Forschung zeigt, dass viele Dinosaurier aktiv und möglicherweise warmblütig waren.

Hexerei

Historische Überzeugungen in Hexerei als Ursache für Krankheit oder Unglück sind wissenschaftlich unhaltbar.

Regen folgt dem Pflügen

Die Annahme, dass Bodenbearbeitung Niederschlag fördern kann, ist meteorologisch unbegründet.

4. Kulinariasche Kuriositäten

4.1 unvergessliche Lieblingsgerichte von damals

Tausendjährige Eier

Auch als "Pidan" bekannt, sind diese chinesischen Delikatessen Enteneier, die in einer Mischung aus Ton, Asche und Salz für mehrere Wochen bis Monate fermentiert werden. Das Ergebnis ist ein dunkler, gelatineartiger Inhalt mit einem intensiven Geschmack, der vielen fremd erscheint. In der chinesischen Küche gelten sie jedoch als Delikatesse. Früher waren sie besonders in der traditionellen Medizin wegen ihrer kühlenden Eigenschaften geschätzt. Heute sind sie vor allem in asiatischen Supermärkten zu finden.

Liebeseintopf

Im Mittelalter glaubte man, dass bestimmte Lebensmittel die Liebeslust steigern können. Ein solcher Eintopf bestand oft aus Zutaten wie Herz, Leber und Nieren verschiedener Tiere, die als besonders kraftvoll galten. Die Zubereitung war oft aufwendig, da die Zutaten sorgfältig ausgewählt und vorbereitet werden mussten. Heute würde man diese Kombination wohl eher als gewöhnungsbedürftig empfinden. Dennoch spiegeln solche Gerichte den Glauben an die magischen Kräfte der Küche wider.

Pfauenbraten

Im Mittelalter war es ein Zeichen von Reichtum und Prestige, exotische Tiere wie Pfauen zu servieren. Diese Vögel wurden oft kunstvoll mit ihren Federn dekoriert und bei Banketten präsentiert. Der Geschmack des Pfauenfleisches selbst wurde jedoch als recht zäh beschrieben. Trotzdem galt es als großer Luxus, einen Pfau zu servieren. Heute wird dieser Brauch nur noch selten praktiziert.

Maikäfersuppe

Im 19. Jahrhundert war diese Suppe vor allem in Deutschland verbreitet. Die Zubereitung war denkbar einfach: Maikäfer wurden gesammelt, gekocht und dann püriert, um eine Suppe zu erzeugen. Sie galt als billiges und proteinreiches Gericht in Zeiten der Not. Heute ist der Gedanke an eine Insektensuppe für die meisten Menschen eher abstoßend. Doch in einigen Teilen der Welt sind Insekten weiterhin eine wichtige Proteinquelle.

Weißer Schimmelkäse

Bereits im Mittelalter war es üblich, Käse mit Schimmel zu verfeinern, um den Geschmack zu intensivieren. Ein bekanntes Beispiel ist der Brie, der mit einem weißen Schimmelüberzug hergestellt wird. Diese Technik wurde ursprünglich entwickelt, um den Käse haltbarer zu machen. Heute gilt Brie als eine der edelsten Käsesorten. Der Geschmack ist mild und cremig, was ihn zu einem beliebten Bestandteil vieler Käseplatten macht.

Mock Turtle Soup

Diese Suppe war im 19. Jahrhundert besonders in England populär. Da echte Schildkrötensuppe teuer und schwer erhältlich war, wurde sie aus Kalbskopf und Innereien hergestellt, um den Geschmack nachzuahmen. Sie war ein Symbol für den Wunsch nach Luxus trotz begrenzter Mittel. Heutzutage ist die Suppe weitgehend in Vergessenheit geraten. Der Name jedoch bleibt ein kurioser Hinweis auf vergangene kulinarische Kompromisse.

Fliegenpilz-Ragout

In einigen indigenen Kulturen Sibiriens wurde der Fliegenpilz als rituelle Nahrung verwendet. Trotz seiner Giftigkeit wurden kleine Mengen konsumiert, um halluzinogene Wirkungen zu erzielen. Die Zubereitung war kompliziert und erforderte viel Wissen, um die toxischen Eigenschaften zu minimieren. Heutzutage würde man von einem solchen Gericht strikt abraten. Dennoch zeigt es, wie unterschiedliche Kulturen mit der Natur interagieren.

Schwartenmagen

Auch als Presskopf bekannt, ist dieses Gericht eine traditionelle deutsche Delikatesse, die aus Schweinekopffleisch und Gewürzen besteht. Es wurde oft in einem Tuch gekocht und gepresst, um eine feste Form zu erhalten. Schwartenmagen war eine beliebte Speise, besonders in ländlichen Regionen, da er nahrhaft und haltbar war. Heute ist er weniger verbreitet, aber immer noch in einigen Metzgereien zu finden. Für viele weckt er nostalgische Erinnerungen an vergangene Zeiten.

Gelée aus Kalbsfüßen

Dieses Gericht, auch als "Sülze" bekannt, war früher eine beliebte Methode, um Fleischabfälle zu verwenden. Die Gelatine aus den Kalbsfüßen sorgte für eine festliche Konsistenz, die oft mit Gemüse und Gewürzen verfeinert wurde. Es war besonders in Zeiten der Not ein nahrhaftes und haltbares Gericht. Heute findet man Sülze noch gelegentlich in traditionellen Metzgereien. Der Geschmack ist jedoch nicht jedermanns Sache.

Kutteln

Kutteln, oder auch "Tripes", bestehen aus dem Magen von Wiederkäuern und waren einst eine weit verbreitete Delikatesse in Europa. Sie wurden in vielen verschiedenen Rezepten verwendet, oft geschmort oder in Suppen. Kutteln galten als nahrhaft und günstig, da sie von Tieren stammten, die ohnehin für andere Zwecke geschlachtet wurden. Heute sind Kutteln eher ein Nischenprodukt. Sie erfordern eine sorgfältige Zubereitung, um ihren typischen Geschmack zu entfalten.

4.2 Die Entstehungsgeschichte unserer Lieblingsspeisen

Pizza Margherita

Die Pizza Margherita wurde 1889 in Neapel zu Ehren der Königin Margherita von Savoyen kreiert. Der Pizzabäcker Raffaele Esposito wählte die Farben der italienischen Flagge: Basilikum für Grün, Mozzarella für Weiß und Tomaten für Rot. Die Königin war so begeistert, dass diese Kombination zu einem Symbol der italienischen Küche wurde. Heute gilt die Pizza Margherita als die klassische Pizza schlechthin. Wer hätte gedacht, dass eine Pizza eine königliche Geschichte haben könnte?

Sandwich

Das Sandwich verdankt seinen Namen John Montagu, dem 4. Earl of Sandwich, der im 18. Jahrhundert lebte. Angeblich ließ er sich während eines 24-stündigen Glücksspiels Fleisch zwischen zwei Brotscheiben servieren, um nicht vom Spieltisch aufstehen zu müssen. Diese praktische Mahlzeit fand schnell Anklang und wurde nach seinem Titel benannt. Heute ist das Sandwich weltweit eine beliebte Speise für zwischendurch. Ob der Earl wohl wusste, dass er damit ein kulinarisches Erbe hinterlässt?

Croissant

Das Croissant stammt ursprünglich nicht aus Frankreich, sondern aus Österreich. Der Legende nach wurde es im 17. Jahrhundert in Wien nach der erfolgreichen Abwehr der Türken gebacken. Seine Form soll an die Mondsichel auf der türkischen Flagge erinnern. Erst im 19. Jahrhundert brachte ein österreichischer Offizier das Gebäck nach Frankreich, wo es zu einem Frühstücksklassiker wurde. Heute verbinden viele das Croissant fest mit französischer Kultur.

Worcestershire-Sauce

Diese berühmte Würzsauce wurde im 19. Jahrhundert von den englischen Apothekern John Lea und William Perrins entwickelt. Ein britischer Adliger brachte ein Rezept aus Indien mit, das die beiden Apothekenbesitzer nachmischten. Zunächst war die Mischung ungenießbar, doch nach einigen Jahren der Reifung im Keller entdeckten sie, dass die Sauce nun einen unverwechselbaren Geschmack hatte. Die Würzsauce wurde zum weltweiten Erfolg. Manchmal lohnt es sich eben, Dinge reifen zu lassen.

Caesar Salad

Trotz seines Namens wurde der Caesar Salad nicht in Italien, sondern in Mexiko erfunden. Der italienisch-amerikanische Koch Caesar Cardini kreierte ihn 1924 in seinem Restaurant in Tijuana. Der Legende nach musste er improvisieren, weil ihm die Zutaten ausgingen, und so entstand der berühmte Salat mit Croutons, Parmesan und einer speziellen Dressing-Mischung. Heute ist der Caesar Salad aus vielen Speisekarten nicht mehr wegzudenken. Eine kulinarische Legende aus der Not geboren.

Ketchup

Ursprünglich stammt Ketchup aus Asien, wo es als würzige Fischsauce bekannt war. Britische Händler brachten im 17. Jahrhundert die Rezeptur nach England, wo sie im Laufe der Zeit abgewandelt wurde. Im 19. Jahrhundert fügte der Amerikaner Henry John Heinz Tomaten hinzu und schuf das heute bekannte Tomatenketchup. Ketchup ist ein Paradebeispiel dafür, wie internationale Einflüsse ein Alltagsprodukt formen können. Von der Fischsauce zum Grillklassiker – eine bemerkenswerte Reise.

Sachertorte

Die berühmte Wiener Sachertorte wurde 1832 von dem 16-jährigen Lehrling Franz Sacher erfunden. Als der Chefkoch des österreichischen Kanzlers krank wurde, musste Sacher einspringen und kreierte die Schokoladentorte, die schnell Berühmtheit erlangte. Die Sachertorte ist heute ein Symbol für Wiener Konditoreikunst und wird in der Originalversion nur im Hotel Sacher verkauft. Jedes Stück ist ein Bissen Wiener Geschichte und Tradition.

Pommes Frites

Die Herkunft der Pommes Frites ist umstritten zwischen Belgien und Frankreich. Belgier behaupten, sie hätten die Kartoffelstäbchen schon im 17. Jahrhundert in heißem Fett frittiert. Die Franzosen hingegen verfeinerten die Technik im 19. Jahrhundert und machten Pommes Frites weltberühmt. Heute sind sie ein fester Bestandteil der globalen Fast-Food-Kultur. Egal woher sie genau stammen, sie sind aus unserem Speiseplan nicht mehr wegzudenken.

Sushi

Sushi, wie wir es heute kennen, hat seine Wurzeln im alten Japan, wo es als Methode zur Konservierung von Fisch erfunden wurde. Fisch wurde mit Reis fermentiert, um ihn haltbar zu machen. Erst im 19. Jahrhundert wurde das Konzept des "Nigiri-Sushi" in Tokio populär, bei dem frischer Fisch auf einer kleinen Reismenge serviert wird. Heute ist Sushi ein weltweites Symbol für die japanische Küche. Ein einfacher Konservierungstrick wurde zu einem kulinarischen Kunstwerk.

Chili con Carne

Ursprünglich stammt Chili con Carne nicht aus Mexiko, sondern aus den USA. Im 19. Jahrhundert wurde es in Texas von Siedlern und Cowboys populär gemacht. Das Gericht bestand ursprünglich aus billigem Fleisch und scharfen Gewürzen, die das einfache Essen schmackhafter machten. Heute ist Chili con Carne ein beliebtes Gericht in vielen Haushalten weltweit. Es zeigt, wie regionale Notwendigkeiten globale Küchen beeinflussen können.

Tiramisu

Tiramisu, das berühmte italienische Dessert, hat seine Wurzeln in der Region Venetien in den 1960er Jahren. Der Name bedeutet wörtlich "zieh mich hoch" und spielt auf die belebende Wirkung des Kaffees an. Es besteht aus Löffelbiskuits, die in Kaffee getränkt und abwechselnd mit einer Mascarpone-Creme geschichtet werden. Der genaue Ursprung ist umstritten, doch die meisten Quellen schreiben das Rezept einem Restaurant in Treviso zu. Tiramisu ist heute ein internationaler Favorit und repräsentiert die italienische Dessertkultur perfekt.

Peking-Ente

Die Zubereitung der Peking-Ente reicht bis ins Kaiserliche China der Yuan-Dynastie im 13. Jahrhundert zurück. Dieses Gericht zeichnet sich durch seine knusprige Haut und das zarte Fleisch aus. Traditionell wird die Ente mehrere Stunden mariniert und dann in einem speziellen Ofen gebraten. Peking-Ente gilt als eines der Nationalgerichte Chinas und wird oft zu besonderen Anlässen serviert. Ihre komplexe Zubereitung und die lange Geschichte machen sie zu einem Symbol der chinesischen Kochkunst.

Spaghetti Carbonara

Die genaue Herkunft der Spaghetti Carbonara ist ein Rätsel, doch es gibt Hinweise, dass sie erst nach dem Zweiten Weltkrieg populär wurden. Eine Theorie besagt, dass amerikanische Soldaten in Italien Speck und Eier mitbrachten und diese Zutaten mit Pasta kombinierten. Das Gericht besteht aus wenigen einfachen Zutaten: Speck, Ei, Pecorino-Käse und schwarzer Pfeffer. Trotz seiner Einfachheit hat Carbonara eine riesige Fangemeinde weltweit. Es zeigt, wie aus Notwendigkeit heraus ikonische Gerichte entstehen können.

Borschtsch

Borschtsch ist eine traditionelle Suppe aus Osteuropa, die hauptsächlich aus Roter Bete besteht und eine leuchtend rote Farbe hat. Sie ist besonders in Russland, der Ukraine und Polen beliebt und hat viele regionale Variationen. Die Suppe kann sowohl heiß als auch kalt serviert werden und oft kommen Fleisch, Kartoffeln und Sauerkraut hinzu. Borschtsch hat eine lange Geschichte und wird oft als Symbol für die slawische Küche betrachtet. Jede Familie hat ihr eigenes, über Generationen weitergegebenes Rezept.

Pavlova

Das Dessert Pavlova wurde nach der russischen Ballerina Anna Pavlova benannt und soll in den 1920er Jahren in Australien oder Neuseeland entstanden sein – die genaue Herkunft ist bis heute umstritten. Es besteht aus einer knusprigen Baiserschicht, die innen weich und luftig ist, und wird meist mit Sahne und frischen Früchten garniert. Das Dessert soll an Pavlovas Tutu erinnern – leicht, luftig und elegant. Pavlova ist besonders zu festlichen Anlässen beliebt und ein stolzes Symbol der beiden Länder. Seine einfache, aber raffinierte Zubereitung macht es zu einem Klassiker.

5. Kulturelle Relikte

5.1 Vergessene Bräuche, Traditionen und Feste

Die Sommersonnenwendfeier

Die Sommersonnenwendfeier war in vielen europäischen Kulturen ein bedeutendes Fest. Ursprünglich diente es der Verehrung der Sonne und dem Schutz vor bösen Geistern. Menschen entzündeten riesige Lagerfeuer, um die Sonne zu stärken und die Dunkelheit zu vertreiben. Heute ist diese Tradition in vielen Ländern stark zurückgegangen, wird aber in einigen Regionen Skandinaviens noch gefeiert.

Das Maibaumsetzen

Das Maibaumsetzen war ein alter Brauch, der vor allem in ländlichen Gegenden Europas weit verbreitet war. Ein geschmückter Baumstamm, oft mit bunten Bändern, wurde im Dorfzentrum aufgestellt. Dieses Ritual symbolisierte Fruchtbarkeit und das Wiedererwachen der Natur. Heutzutage ist dieser Brauch meist nur noch in kleinen Dörfern und bei traditionellen Festen zu sehen.

Der Almabtrieb

In den Alpenregionen war der Almabtrieb ein wichtiger jährlicher Event. Kühe, die den Sommer auf den Almen verbrachten, wurden im Herbst festlich geschmückt ins Tal zurückgebracht. Dieser Brauch feierte das erfolgreiche Weiden und die Rückkehr der Tiere. Obwohl es immer noch stattfindet, hat der Almabtrieb seine einst große Bedeutung verloren und ist oft nur noch eine Touristenattraktion.

Die Nachtwächterrufe

Früher patrouillierten Nachtwächter durch die Städte, um für Sicherheit zu sorgen. Sie riefen stündlich die Uhrzeit und wichtige Nachrichten aus. Dieser Beruf und die damit verbundene Tradition verschwanden mit der Einführung moderner Polizeisysteme und Technologien. In einigen historischen Städten werden Nachtwächterrundgänge jedoch noch immer als touristische Attraktion angeboten.

Der Hutmacherbrauch

Im 19. Jahrhundert war es üblich, dass Männer bei feierlichen Anlässen und in der Öffentlichkeit Hüte trugen. Hutmacher waren hoch angesehene Handwerker, die maßgeschneiderte Kopfbedeckungen fertigten. Mit dem Wandel der Mode und des Lebensstils ist dieser Brauch fast vollständig verschwunden. Heutzutage sieht man Hüte nur noch bei bestimmten festlichen Gelegenheiten oder in nostalgischen Filmen.

Das Erntefest

Das Erntefest war eine der wichtigsten Feiern in agrarischen Gesellschaften. Es markierte das Ende der Erntezeit und diente dem Dank an die Natur für die Gaben des Jahres. Menschen versammelten sich zu festlichen Mahlzeiten und Tänzen, oft begleitet von religiösen Zeremonien. In modernen Zeiten hat sich das Erntefest zu Erntedankgottesdiensten oder lokalen Dorffesten gewandelt und ist nicht mehr zentraler Bestandteil des Gemeinschaftslebens.

Der Brauch des Frühjahrsputzes

Einst war der Frühjahrsputz eine weit verbreitete Tradition, die das symbolische Auskehren des alten Jahres und das Willkommenheißen des neuen bedeutete. Häuser wurden gründlich gereinigt, um Platz für positive Energien und frische Luft zu schaffen. Dieser Brauch ist in vielen Haushalten heute nicht mehr so intensiv wie früher, obwohl der Begriff „Frühjahrsputz" noch bekannt ist.

Die Kirchweihfeste

Kirchweihfeste waren wichtige soziale Ereignisse in vielen Gemeinden, die die Einweihung einer Kirche feierten. Diese Feste umfassten Prozessionen, Jahrmärkte und Tanzveranstaltungen und boten der Gemeinde Gelegenheit zum sozialen Austausch. In der heutigen Zeit sind Kirchweihfeste in vielen Regionen nur noch von historischer Bedeutung und finden nur noch in traditionellen Dörfern statt.

Das Schusterlaufen

In der vorindustriellen Zeit zogen Handwerksgesellen wie Schuster von Stadt zu Stadt, um ihre Dienste anzubieten. Sie pflegten dabei bestimmte Rituale und Bräuche, um ihre Zugehörigkeit zur Zunft zu zeigen. Mit der Industrialisierung und der Etablierung fester Arbeitsstellen verschwanden diese Wandertraditionen fast vollständig. Heute sind diese Bräuche nur noch in historischen Erzählungen und Museen zu finden.

Der Rübengeistern

Ein früherer Brauch in einigen ländlichen Gebieten war das „Rübengeistern", bei dem Kinder ausgehöhlte Rüben mit gruseligen Gesichtern schnitzten und beleuchteten. Dieser Brauch ähnelt dem heutigen Halloween und diente dazu, böse Geister zu vertreiben. Mit der Verbreitung von Kürbissen und dem amerikanischen Halloween hat dieser Brauch an Bedeutung verloren. In einigen Regionen wird er jedoch noch als nostalgische Tradition gepflegt.

5.2 Kuriose Bräuche aus aller Welt

In Spanien Tomaten werfen

In der spanischen Stadt Buñol findet jedes Jahr das Fest „La Tomatina“ statt, bei dem tausende Menschen sich eine Stunde lang mit überreifen Tomaten bewerfen. Dieses verrückte Spektakel entstand ursprünglich aus einem zufälligen Streit zwischen Jugendlichen in den 1940er Jahren. Heute lockt es Touristen aus aller Welt an, die sich in einem roten Tomatensaftbad wiederfinden. Der Spaß ist garantiert, auch wenn die Stadt danach rot getüncht ist!

Kamelrennen in Australien

Jedes Jahr im Juli wird in Alice Springs, Australien, das „Camel Cup“ Kamelrennen abgehalten. Dieses ungewöhnliche Ereignis begann als Scherz zwischen zwei Einheimischen in den 1970er Jahren und ist mittlerweile ein großes Fest mit Tausenden von Zuschauern. Neben den Rennen gibt es auch Wettbewerbe wie Kamelreiter-Tanz und beste Kamelkostüme. Der humorvolle Wettkampf zeigt, dass die Australier immer für einen Spaß zu haben sind.

Käserollen in England

In der englischen Grafschaft Gloucestershire findet das jährliche „Cooper's Hill Cheese-Rolling“ statt, bei dem Teilnehmer einem rollenden Käselaib den steilen Hügel hinunter nachjagen. Der erste, der den Käse unten erreicht, gewinnt ihn. Dieser urkomische Brauch führt oft zu spektakulären Stürzen und Verletzungen, hat aber dennoch eine treue Anhängerschaft. Die Teilnehmer scheuen keine Mühen, um den Käse zu erobern.

Schuhplatteln in Bayern

Der bayerische Tanz „Schuhplatteln“ ist nicht nur eine traditionelle, sondern auch eine humorvolle Tanzform, bei der Tänzer auf ihre Schuhe, Oberschenkel und Hände klatschen. Ursprünglich diente dieser Tanz dazu, die Männlichkeit und Geschicklichkeit der Tänzer zu demonstrieren. Heutzutage ist es eine beliebte Darbietung bei Volksfesten und sorgt immer für ein Schmunzeln im Publikum. Die rhythmischen Klatschgeräusche und witzigen Bewegungen sind ein echter Hingucker.

Karneval in Venedig

Der Karneval in Venedig ist berühmt für seine aufwendigen Masken und Kostüme, die bis ins 13. Jahrhundert zurückreichen. Ursprünglich dienten die Masken dazu, soziale Unterschiede zu verbergen und eine gewisse Anonymität zu gewährleisten. Heute ist der Karneval ein farbenfrohes und fröhliches Fest, bei dem sich die Teilnehmer in fantasievolle Gestalten verwandeln. Es ist eine Gelegenheit, in eine andere Identität zu schlüpfen und die Zeit zurückzudrehen.

Schwedisches Mittsommerfest

In Schweden wird das Mittsommerfest mit dem Aufstellen eines geschmückten Maibaums und traditionellem Tanz um diesen herum gefeiert. Die Teilnehmer tragen Blumenkränze und singen fröhliche Lieder, wobei einige Tänze so tun, als wären sie Frösche. Diese ausgelassene Tradition symbolisiert die Freude über den längsten Tag des Jahres und die Sonnenwende. Es ist ein Tag voller Lachen, Gesang und Heiterkeit, der tief in der schwedischen Kultur verwurzelt ist.

Kneipenschilder in Großbritannien

In Großbritannien sind witzige und skurrile Kneipenschilder eine Tradition. Viele Pubs haben Namen wie „The Drunken Duck“ oder „The Pig and Whistle“, die oft auf humorvolle Geschichten oder lokale Anekdoten zurückgehen. Diese kuriosen Namen sind nicht nur Gesprächsstoff, sondern auch ein Stück lebendiger Geschichte. Sie bringen die Besucher zum Schmunzeln und laden zu einer Reise in die Vergangenheit ein.

Baby-Springen in Spanien

In der spanischen Stadt Castrillo de Murcia findet ein ungewöhnlicher Brauch namens „El Colacho“ statt, bei dem Männer, verkleidet als Teufel, über auf Matratzen liegende Babys springen. Dieser Brauch, der bis ins 17. Jahrhundert zurückreicht, soll die Kinder von Sünden reinigen und sie vor Unglück schützen. Obwohl es gefährlich aussieht, ist bisher noch nie ein Baby verletzt worden. Es ist eine Mischung aus religiösem Ritual und aufregender Show.

Gummistiefel-Weitwurf in Finnland

In Finnland gibt es den skurrilen Sport des Gummistiefel-Weitwurfs, bei dem Teilnehmer versuchen, einen Gummistiefel so weit wie möglich zu werfen. Dieser ungewöhnliche Wettbewerb hat seine Wurzeln in ländlichen Gebieten und ist mittlerweile eine ernsthafte Sportveranstaltung mit offiziellen Regeln. Es ist ein humorvoller Zeitvertreib, der zeigt, dass man mit einfachen Mitteln viel Spaß haben kann. Auch hier steht der Spaßfaktor im Vordergrund, und jeder kann mitmachen.

Ziegenwahl in Irland

Im irischen Dorf Killorglin wird jedes Jahr das „Puck Fair" gefeiert, bei dem eine Ziege zum König gekrönt wird. Diese alte Tradition, die bis ins 17. Jahrhundert zurückreicht, beinhaltet eine dreitägige Feier mit Paraden, Musik und Tanz. Die gekrönte Ziege wird auf einem Thron platziert und symbolisiert Glück und Wohlstand für das kommende Jahr. Es ist ein liebenswerter und kurioser Brauch, der die Gemeinschaft zusammenbringt und für viel Heiterkeit sorgt.

Japanischer Ochugen-Geschenkaustausch

In Japan gibt es den Brauch des Ochugen, bei dem Menschen im Juli Geschenke an ihre Vorgesetzten und Lehrer überreichen. Ursprünglich diente es dazu, die Geister der Vorfahren zu ehren, hat sich aber zu einer sozialen Norm entwickelt. Heute ist es eine stressige Zeit für viele, da die Wahl des richtigen Geschenks oft Kopfzerbrechen bereitet. Ironischerweise geht es bei dieser Tradition darum, Dankbarkeit zu zeigen, führt aber oft zu Verlegenheit und Konkurrenz.

Dänischer Zimtbrauch

In Dänemark werden unverheiratete Menschen an ihrem 25. Geburtstag mit Zimt überschüttet. Diese Tradition geht auf das Mittelalter zurück, als Gewürzhändler unverheiratet blieben und deswegen verspottet wurden. Freunde und Familie binden das Geburtstagskind an einen Stuhl oder Laternenpfahl und bedecken es mit Zimt. Eine skurrile Art, an das Single-Dasein erinnert zu werden!

Schottisches "Blackening"

In Schottland gibt es den Brauch des "Blackening", bei dem Bräutigam und Braut vor der Hochzeit mit allerlei unangenehmen Substanzen wie Federn, Ruß und Schmutz bedeckt werden. Dieses Ritual soll das Paar auf die Herausforderungen der Ehe vorbereiten. Freunde und Familie entführen das Paar und führen die Aktion durch. Ein echter Schlamassel, aber mit viel Spaß verbunden!

Indische „Monkey Buffet"

In der thailändischen Stadt Lopburi gibt es jedes Jahr das "Monkey Buffet Festival". Den Affen der Stadt wird ein riesiges Festmahl aus Früchten, Gemüse und anderen Leckereien bereitet. Die Bewohner glauben, dass die Affen Glück und Wohlstand bringen. Es ist ein spektakuläres, aber auch chaotisches Ereignis, bei dem die Affen die Stadt erobern.

Finnischer „Wife Carrying"

In Finnland gibt es das jährliche „Wife Carrying" (Ehefrauen-Tragen), bei dem Männer einen Hindernisparcours bewältigen müssen, während sie ihre Frau tragen. Der Gewinner erhält das Gewicht seiner Frau in Bier. Dieser bizarre Wettbewerb zieht Teilnehmer aus aller Welt an. Eine sportliche und gleichzeitig humorvolle Tradition, die aus einem alten finnischen Räuberbrauch hervorgegangen ist.

Spanischer „El Colacho“

In der spanischen Stadt Castrillo de Murcia wird jährlich das „El Colacho“ gefeiert, bei dem Männer, verkleidet als Teufel, über auf Matratzen liegende Babys springen. Dieser Brauch soll die Neugeborenen von Sünden reinigen und vor bösen Geistern schützen. Das farbenfrohe Spektakel zieht viele Zuschauer an. Es ist eine Mischung aus Religiosität und spektakulärem Nervenkitzel.

Südafrikanischer „Glockenläuten“

In Südafrika gibt es den kuriosen Brauch, dass Menschen an Silvester ihre alten Möbel aus dem Fenster werfen. Dieser Brauch soll symbolisch das alte Jahr loswerden und Platz für das neue schaffen. In einigen Stadtteilen Johannesburgs wird dieser Brauch noch immer praktiziert, was für Chaos auf den Straßen sorgt. Eine sehr „praktische“ Art, das neue Jahr zu begrüßen!

Polnischer „Śmigus-Dyngus“

In Polen gibt es den „Śmigus-Dyngus“, auch „Nasser Montag“ genannt, bei dem Menschen am Ostermontag mit Wasser überschüttet werden. Ursprünglich ein Fruchtbarkeitsritual, ist es heute vor allem ein spaßiger Brauch. Vor allem Kinder und Jugendliche nutzen jede Gelegenheit, um sich gegenseitig nass zu machen. Ein fröhlicher und spritziger Start in die Osterwoche!

Indonesischer „Pacu Jawi“

Auf der indonesischen Insel Sumatra findet das „Pacu Jawi“ statt, ein traditionelles Kuhrennen. Die Teilnehmer reiten auf den Rücken von zwei Kühen durch schlammige Reisfelder, um ihre Schnelligkeit und Geschicklichkeit zu beweisen. Es ist ein feuchtfröhliches Spektakel, das sowohl Teilnehmer als auch Zuschauer begeistert. Ein Wettkampf, der sowohl sportlichen Ehrgeiz als auch pure Unterhaltung vereint.

Italienischer „La Tomatina“

Im spanischen Buñol findet jährlich das „La Tomatina“-Festival statt, bei dem sich die Teilnehmer mit überreifen Tomaten bewerfen. Das einst kleine Fest hat sich zu einem riesigen Spektakel entwickelt, das Touristen aus der ganzen Welt anzieht. Innerhalb einer Stunde sind die Straßen der Stadt in rotes Tomatenmatsch getaucht. Ein ausgelassenes und ungewöhnliches Fest, bei dem Spaß und Chaos garantiert sind.

6. Kultur und Unterhaltung

6.1 Ungewöhnliche Hobbys berühmter Persönlichkeiten

Johnny Depp und seine Barbie-Sammlung

Der Schauspieler Johnny Depp hat eine unerwartete Leidenschaft für Barbie-Puppen. Er sammelt diese Puppen seit vielen Jahren und nutzt sie oft, um sich auf seine Filmrollen vorzubereiten. Depp hat sogar spezielle Editionen und seltene Stücke in seiner Sammlung. Für ihn ist es eine Möglichkeit, seine Kreativität und Fantasie zu fördern.

Rod Stewart und seine Modelleisenbahn

Der legendäre Sänger Rod Stewart ist ein begeisterter Modelleisenbahn-Bauer. In seinem Haus hat er eine beeindruckende Modelleisenbahn-Anlage, die eine Miniaturversion von New York City darstellt. Er arbeitet seit Jahrzehnten daran und verbringt oft Stunden damit, die Details zu perfektionieren. Für Stewart ist dies eine willkommene Flucht aus dem stressigen Alltag der Musikindustrie.

Claudia Schiffer und ihre Spinnenliebe

Das Supermodel Claudia Schiffer hat eine eher ungewöhnliche Vorliebe für Spinnen. Sie sammelt alles, was mit Spinnen zu tun hat, von Büchern über Kunstwerke bis hin zu echten Spinnen. Schiffer findet die Kreaturen faszinierend und bewundert ihre Schönheit und Einzigartigkeit. Ihre Sammlung umfasst zahlreiche seltene und exotische Exemplare.

Tom Hanks und seine Schreibmaschinen

Oscar-Preisträger Tom Hanks hat eine besondere Vorliebe für Schreibmaschinen. Er besitzt über 250 Stück, die aus verschiedenen Epochen und Ländern stammen. Hanks liebt den Klang und das Gefühl des Schreibens auf einer Schreibmaschine und nutzt sie regelmäßig für Briefe und Notizen. Seine Sammlung umfasst sowohl seltene Vintage-Modelle als auch moderne Nachbildungen.

Angelina Jolie und ihre Dolch-Sammlung

Die Schauspielerin und Regisseurin Angelina Jolie sammelt seit ihrer Jugend Dolche. Sie besitzt eine beeindruckende Sammlung von antiken und modernen Dolchen aus aller Welt. Jolie fasziniert die Handwerkskunst und Geschichte hinter jedem Stück. Ihre Leidenschaft für Dolche spiegelt sich auch in einigen ihrer Filmrollen wider.

Nicolas Cage und seine Comics

Der Schauspieler Nicolas Cage ist ein leidenschaftlicher Comic-Sammler. Er besitzt eine der wertvollsten Comic-Sammlungen der Welt, darunter seltene und wertvolle Ausgaben wie "Action Comics No. 1", das erste Erscheinen von Superman. Cage hat sogar seinen Künstlernamen von dem Marvel-Charakter Luke Cage übernommen. Seine Sammlung ist eine Hommage an seine Liebe zur Comic-Kultur.

Quentin Tarantino und seine Brettspiel-sammlung

Der gefeierte Regisseur Quentin Tarantino sammelt leidenschaftlich gerne Brettspiele. Seine Sammlung umfasst Hunderte von Spielen aus verschiedenen Epochen und Ländern. Tarantino nutzt diese Spieleabende, um mit Freunden und Familie zu entspannen und kreative Ideen zu entwickeln. Die Brettspiele bieten ihm eine willkommene Abwechslung vom Filmemachen.

Lady Gaga und ihre Teetassen

Pop-Ikone Lady Gaga hat eine ungewöhnliche Sammelleidenschaft für Teetassen. Sie besitzt eine beeindruckende Sammlung von antiken und modernen Teetassen aus aller Welt. Für Gaga sind diese Tassen nicht nur schöne Kunstwerke, sondern auch Erinnerungsstücke an verschiedene Stationen ihrer Karriere. Sie nutzt ihre Teetassen auch regelmäßig für ihre berühmten Teepartys.

Brad Pitt und seine Möbel-Designs

Der Schauspieler Brad Pitt hat eine Leidenschaft für Architektur und Möbeldesign. Er entwirft und baut eigene Möbelstücke und hat sogar eine eigene Designlinie. Pitt arbeitet oft mit bekannten Designern und Architekten zusammen, um innovative und einzigartige Stücke zu kreieren. Diese kreative Beschäftigung bietet ihm einen Ausgleich zur Schauspielerei.

Reese Witherspoon und ihre Stickerei

Die Schauspielerin Reese Witherspoon ist eine begeisterte Stickerin. In ihrer Freizeit fertigt sie kunstvolle Stickereien an, die sie oft als Geschenke für Freunde und Familie verwendet. Witherspoon findet in der Stickerei Entspannung und eine Möglichkeit, ihrer Kreativität Ausdruck zu verleihen. Ihre Arbeiten sind bekannt für ihre Detailverliebtheit und Präzision.

6.2 Peinliche Momente in der Öffentlichkeit

Jennifer Lawrence und der Oscar-Fall

Bei der Oscar-Verleihung 2013 gewann Jennifer Lawrence den Preis für die beste Hauptdarstellerin. Als sie die Treppe hinaufstieg, um ihre Auszeichnung entgegenzunehmen, trat sie auf ihr Kleid und stürzte vor den Augen der Weltöffentlichkeit. Trotz des peinlichen Moments bewies sie Humor und Charme, indem sie die Situation mit einem Lächeln und einer witzigen Bemerkung überspielte. Der Vorfall machte sie noch sympathischer und nahbarer für ihre Fans.

John Travolta und der Namenspatzer

Bei den Oscars 2014 sollte John Travolta die Sängerin Idina Menzel ankündigen, die den Song „Let It Go" aus „Frozen" performte. Statt ihren Namen korrekt auszusprechen, nannte er sie „Adele Dazeem". Dieser peinliche Fehler ging sofort viral und wurde zu einem Running Gag. Travolta entschuldigte sich später bei Menzel, und die beiden machten darüber Scherze bei einer späteren Oscar-Verleihung.

Madonna und der Bühnensturz

Während einer Performance bei den Brit Awards 2015 wurde Madonna von ihrem Cape zu Boden gerissen, als es sich nicht wie geplant löste. Der Sturz sah schmerzhaft aus, doch die Pop-Ikone sprang sofort wieder auf und setzte ihre Darbietung fort. Sie erklärte später, dass sie lieber das Risiko eines Sturzes in Kauf nahm, als die geplante Show-Performance zu ändern. Ihr professionelles Verhalten beeindruckte viele Zuschauer.

Steve Harvey und die Miss Universe Verwechslung

2015 erlebte der Moderator Steve Harvey einen der peinlichsten Momente in der Fernsehgeschichte, als er bei der Miss Universe-Wahl die falsche Gewinnerin verkündete. Harvey gab zunächst Miss Kolumbien den Titel, korrigierte sich jedoch kurz darauf und erklärte, dass Miss Philippinen die eigentliche Gewinnerin sei. Der Vorfall sorgte für großes Aufsehen und zahlreiche Memmes im Internet. Harvey entschuldigte sich mehrfach für seinen Fehler.

Kristen Stewart und der Schuhverlust

Bei der Premiere von „Breaking Dawn – Bis(s) zum Ende der Nacht – Teil 2“ stolperte Kristen Stewart auf dem roten Teppich und verlor einen ihrer hochhackigen Schuhe. Statt sich zu schämen, zog sie beide Schuhe aus und setzte ihren Weg barfuß fort. Ihr unkonventionelles Verhalten machte sie bei ihren Fans noch beliebter. Stewart zeigte, dass sie sich nicht durch solche Zwischenfälle aus der Ruhe bringen lässt.

Janet Jackson und der Super Bowl Skandal

Beim Super Bowl 2004 erlebte Janet Jackson einen der berüchtigtsten „Kleiderschrank-Malfunction“-Momente, als Justin Timberlake versehentlich einen Teil ihres Kostüms abriss und ihre Brust entblößte. Der Vorfall löste eine heftige Kontroverse und Diskussionen über Zensur und Anstand im Fernsehen aus. Jackson entschuldigte sich öffentlich, und der Begriff „Nipplegate“ wurde geboren. Der Vorfall hatte weitreichende Konsequenzen für Live-TV-Übertragungen.

Mariah Carey und die Silvester-Panne

Während ihres Silvesterauftritts 2016 in New York City kam es zu technischen Problemen, die dazu führten, dass Mariah Carey ihren Gesangspart nicht wie geplant vortragen konnte. Sichtlich irritiert und unfähig, synchron zu ihrer Playback-Aufnahme zu singen, brach Carey schließlich ab und verließ die Bühne. Die Panne wurde live im Fernsehen übertragen und ging sofort viral. Carey nahm es später mit Humor und machte Scherze darüber.

Taylor Swift und die falsche Grammy-Reaktion

Bei den Grammy Awards 2014 dachte Taylor Swift, sie hätte den Preis für das Album des Jahres gewonnen, als der Name „Red" genannt wurde. Sie sprang auf und jubelte, nur um dann zu realisieren, dass nicht ihr Album „Red" gemeint war, sondern „Random Access Memories" von Daft Punk. Ihre überraschte und peinlich berührte Reaktion wurde von den Kameras eingefangen und vielfach im Internet geteilt. Swift lachte später selbst über den Vorfall.

Emma Thompson und das Barfuß-Dilemma

Bei der Golden Globe Verleihung 2014 erschien Emma Thompson barfuß auf der Bühne, um einen Preis zu überreichen. Sie hielt ihre High Heels in der Hand und erklärte scherzhaft, dass die Schuhe zu unbequem seien. Ihr lockerer und humorvoller Umgang mit der Situation sorgte für Lacher im Publikum. Thompson zeigte damit ihre bodenständige und unkonventionelle Art.

Fergie und die Nationalhymne

Bei einem NBA All-Star-Spiel 2018 sorgte Fergie mit einer ungewöhnlichen Interpretation der amerikanischen Nationalhymne für Stirnrunzeln und Lachen. Ihre langsame, jazzige Version wurde von vielen als unpassend empfunden. Die Reaktionen der Zuschauer und Spieler, die kaum ihr Lachen zurückhalten konnten, gingen viral. Fergie entschuldigte sich später für ihre Darbietung und erklärte, dass sie etwas Einzigartiges versuchen wollte.

7. Reise in die Vergangenheit

7.1 Vergessene Orte

Pompeji, Italien

Die antike Stadt Pompeji wurde 79 n. Chr. durch den Ausbruch des Vesuvs zerstört und unter einer Ascheschicht begraben. Heute ist Pompeji eine gut erhaltene archäologische Stätte, die Touristen aus aller Welt anzieht. Früher war es eine wohlhabende römische Stadt mit luxuriösen Villen und pulsierendem Straßenleben.

Machu Picchu, Peru

Diese Inka-Stadt in den Anden wurde im 15. Jahrhundert erbaut und später verlassen, bevor sie im 20. Jahrhundert wiederentdeckt wurde. Heute zieht Machu Picchu Millionen von Besuchern an, doch zu ihrer Blütezeit war sie ein mysteriöses religiöses und astronomisches Zentrum. Ihre exakte Bedeutung bleibt bis heute ein Rätsel.

Angkor Wat, Kambodscha

Einst das Herz des mächtigen Khmer-Reiches im 12. Jahrhundert, ist Angkor Wat heute ein berühmtes Touristenziel. Die Tempelanlage war ursprünglich ein hinduistischer Tempel, der später in ein buddhistisches Heiligtum umgewandelt wurde. Nach dem Fall des Khmer-Reiches geriet Angkor Wat in Vergessenheit und wurde von der Natur zurückerobert.

Timbuktu, Mali

Im 14. und 15. Jahrhundert war Timbuktu ein Zentrum des islamischen Lernens und Handels in Westafrika. Heute ist die Stadt von der Wüste umgeben und kämpft mit dem Erhalt ihrer historischen Stätten. Die alten Manuskripte und Gebäude zeugen von ihrer einstigen Bedeutung und ihrem kulturellen Reichtum.

Petra, Jordanien

Diese in Felsen gehauene Stadt war einst die blühende Hauptstadt des Nabatäerreiches im 4. Jahrhundert v. Chr. Nach ihrem Niedergang geriet Petra in Vergessenheit und wurde erst im 19. Jahrhundert von westlichen Entdeckern wiederentdeckt. Heute sind ihre beeindruckenden Fassaden ein beliebtes Fotomotiv für Reisende.

Palmyra, Syrien

Palmyra war im 3. Jahrhundert ein bedeutendes Handelszentrum und eine kulturelle Schnittstelle zwischen Ost und West. Trotz der Schäden, die die Stätte in den letzten Jahren erlitten hat, bleibt Palmyra ein Symbol für die antike Pracht und das Erbe der syrischen Wüste. Früher zog es Händler und Reisende aus aller Welt an.

Bagan, Myanmar

Bagan war im 9. bis 13. Jahrhundert die Hauptstadt des ersten burmesischen Königreichs und beherbergte Tausende von Tempeln und Pagoden. Nach dem Niedergang des Königreichs wurde die Stadt verlassen, doch die Tempelanlagen blieben erhalten. Heute ist Bagan ein faszinierendes Ziel für Kultur- und Geschichtsinteressierte.

Babylon, Irak

Die antike Stadt Babylon, einst das Zentrum des Babylonischen Reiches, ist bekannt für ihre Hängenden Gärten, eines der sieben Weltwunder. Heute sind nur noch Ruinen übrig, doch einst war Babylon eine der bedeutendsten Städte der Antike. Ihre Geschichte und Legenden faszinieren noch immer Archäologen und Historiker.

Mesa Verde, USA

Die Felsenwohnungen von Mesa Verde wurden von den Anasazi-Indianern im 12. und 13. Jahrhundert erbaut und später aufgegeben. Diese architektonischen Wunderwerke bieten einen faszinierenden Einblick in das Leben und die Kultur der prähistorischen Bewohner Nordamerikas. Heute sind sie ein geschütztes Nationaldenkmal und ziehen viele Besucher an.

Knossos, Griechenland

Knossos auf Kreta war das politische und kulturelle Zentrum der minoischen Zivilisation um 2000 v. Chr. Die beeindruckenden Palastanlagen und Fresken erzählen Geschichten einer fortschrittlichen Gesellschaft. Nach einem verheerenden Erdbeben und dem darauffolgenden Niedergang geriet Knossos in Vergessenheit, bis es im frühen 20. Jahrhundert ausgegraben wurde.

Teotihuacán, Mexiko

Diese präkolumbianische Stadt war einst das größte städtische Zentrum in Mesoamerika und erreichte ihren Höhepunkt um 500 n. Chr. Berühmt für die Sonnen- und Mondpyramiden, sind die ursprünglichen Erbauer und Bewohner der Stadt noch immer ein Rätsel. Nach einem mysteriösen Niedergang wurde Teotihuacán verlassen und erst Jahrhunderte später von den Azteken wiederentdeckt.

Hattusa, Türkei

Hattusa war die Hauptstadt des Hethiterreiches im 2. Jahrtausend v. Chr. und ein bedeutendes Zentrum der politischen und militärischen Macht. Die Ruinen der Stadt, einschließlich der imposanten Löwentore und der Tempel, zeugen von der einstigen Pracht und dem Einfluss der Hethiter. Nach dem Niedergang des Reiches geriet Hattusa in Vergessenheit und wurde erst in den letzten Jahrhunderten archäologisch erforscht.

Göbekli Tepe, Türkei

Diese prähistorische Stätte ist über 11.000 Jahre alt und gilt als eines der ältesten bekannten religiösen Heiligtümer der Menschheit. Göbekli Tepe besteht aus monumentalen Steinkreisen, die lange vor der Erfindung des Rads oder der Landwirtschaft errichtet wurden. Die Anlage stellt unser Verständnis der frühen Zivilisationen in Frage und wirft viele ungelöste Fragen auf.

Tikal, Guatemala

Tikal war eine der mächtigsten Städte der Maya-Zivilisation und blühte zwischen dem 3. und 10. Jahrhundert. Heute sind die beeindruckenden Pyramiden und Tempel mitten im dichten Regenwald versteckt, was Tikal zu einem faszinierenden Reiseziel für Abenteurer macht. Die Stadt wurde aus unbekannten Gründen verlassen und erst in der Neuzeit wiederentdeckt.

Leptis Magna, Libyen

Diese antike Stadt an der Küste Libyens war einst eine der wichtigsten Städte des Römischen Reiches in Afrika. Leptis Magna wurde unter Kaiser Septimius Severus, der hier geboren wurde, zu einer prachtvollen Metropole ausgebaut. Nach dem Fall des Reiches wurde die Stadt von der Wüste verschluckt und erst in der Neuzeit durch archäologische Ausgrabungen wieder ans Licht gebracht.

7.2 Anekdoten über Reiseabenteuer aus früheren Zeiten

Marco Polos China-Reise

Der venezianische Händler Marco Polo reiste im 13. Jahrhundert mit seinem Vater und Onkel nach China und verbrachte dort 17 Jahre. Seine Berichte über das prachtvolle Kublai-Khan-Reich und die exotischen Schätze faszinierten Europa, obwohl viele Zeitgenossen seine Geschichten als Märchen abtaten. Sein Buch "Il Milione" inspirierte spätere Entdecker wie Christoph Kolumbus.

Die erste Weltumsegelung

Ferdinand Magellan brach 1519 mit einer Flotte von fünf Schiffen auf, um eine westliche Route zu den Gewürzinseln zu finden. Obwohl er selbst auf den Philippinen starb, vollendete sein Schiff "Victoria" unter der Führung von Juan Sebastián Elcano die erste Weltumsegelung. Nur 18 von ursprünglich 270 Männern kehrten 1522 nach Spanien zurück.

Die Reisen von Ibn Battuta

Der marokkanische Gelehrte Ibn Battuta reiste im 14. Jahrhundert über 30 Jahre lang durch den islamischen Raum und darüber hinaus, von Nordafrika bis China. Seine Abenteuer führten ihn durch gefährliche Wüsten, prächtige Städte und über weite Meere. Seine Reiseschilderungen bieten wertvolle Einblicke in die mittelalterliche Welt.

Die Reise von Zheng He

Der chinesische Admiral Zheng He führte im 15. Jahrhundert sieben große Flottenexpeditionen durch den Indischen Ozean an. Mit riesigen Schiffen, die bis zu 300 Meter lang waren, besuchte er mehr als 30 Länder und Regionen, von Südostasien bis Ostafrika. Diese Reisen demonstrierten die Macht und den Reichtum der Ming-Dynastie.

Die Expedition von Lewis und Clark

1804 begannen Meriwether Lewis und William Clark ihre legendäre Expedition, um das neu erworbene Louisiana-Territorium im Westen der USA zu erkunden. Mit Unterstützung von Sacagawea, einer indigenen Führerin, durchquerten sie über zwei Jahre hinweg unkartiertes Land bis zum Pazifischen Ozean. Ihre Berichte über Flora, Fauna und indigene Völker waren bahnbrechend für die amerikanische Expansion.

James Cooks Entdeckungen im Pazifik

Der britische Seefahrer James Cook führte im 18. Jahrhundert drei berühmte Expeditionen durch den Pazifischen Ozean an. Er kartierte unzählige Inseln, entdeckte die Ostküste Australiens und die Inseln Hawaii, wo er schließlich 1779 getötet wurde. Seine Reisen erweiterten das geografische Wissen Europas erheblich.

Die Abenteuer des Sir Richard Francis Burton

Sir Richard Francis Burton, ein britischer Entdecker des 19. Jahrhunderts, reiste verkleidet als Muslim nach Mekka und Medina, wo Nicht-Muslime der Zutritt verboten war. Später entdeckte er die Quellen des Nils und kartierte das ostafrikanische Gebiet. Seine scharfsinnigen Beobachtungen und Schriften machten ihn zu einer legendären Figur der Entdeckergeschichte.

David Livingstones Afrikareisen

Der schottische Missionar und Entdecker David Livingstone erforschte im 19. Jahrhundert weite Teile des südlichen und zentralen Afrikas. Seine Suche nach den Quellen des Nils und sein Einsatz gegen den Sklavenhandel machten ihn weltweit bekannt. Die berühmte Begegnung mit Henry Morton Stanley, der ihn mit den Worten "Dr. Livingstone, I presume?" begrüßte, ist legendär.

Die Abenteuer der Mary Kingsley

Mary Kingsley, eine britische Entdeckerin des späten 19. Jahrhunderts, reiste allein durch Westafrika, um ethnografische und zoologische Studien durchzuführen. Sie trotzte den Gefahren des Dschungels und den Flüssen, die von Krokodilen und Krankheiten wimmelten. Ihre mutigen Unternehmungen und ihre Berichte darüber wurden in einer von Männern dominierten Zeit besonders bewundert.

Alexander von Humboldts Südamerika-Expedition

Der deutsche Naturforscher Alexander von Humboldt erforschte Anfang des 19. Jahrhunderts den südamerikanischen Kontinent und lieferte wichtige Erkenntnisse über Geologie, Meteorologie und Biologie. Seine Reisen führten ihn durch den Dschungel, über die Anden und entlang des Orinoco-Flusses. Humboldts detaillierte Aufzeichnungen beeinflussten die wissenschaftliche Welt nachhaltig.

8. Vergessene Medien

8.1 Literatur

Das Boot ist voll

Dieser Schweizer Film von 1981, basierend auf einem Roman von Alfred A. Häsler, gewann den Silbernen Bären bei den Berliner Filmfestspielen. Er thematisierte die schwierige Situation von Flüchtlingen im Zweiten Weltkrieg und war damals international anerkannt. Heute ist der Film jedoch weitgehend in Vergessenheit geraten.

"Der Eiserne Gustav"

Hans Falladas Roman von 1938, der die Geschichte eines Berliner Droschkenkutschers erzählt, der 1928 nach Paris fährt, war einst sehr populär. Der Roman war nicht nur ein Bestseller, sondern wurde auch mehrfach verfilmt und als TV-Serie adaptiert. Heute kennen nur noch wenige Menschen diese charmante Geschichte.

"Doktor Schiwago"

Obwohl der gleichnamige Film von 1965 immer noch bekannt ist, hat das Originalbuch von Boris Pasternak aus dem Jahr 1957 viel von seiner Bekanntheit verloren. Der Roman, der in der russischen Revolution spielt, gewann den Nobelpreis für Literatur. Dennoch wird er heute selten gelesen und steht meist im Schatten der Filmadaption.

"Hinter der grünen Tür"

Dieses Buch von 1943, geschrieben von Frances Hodgson Burnett, war einst ein Kinderbuchklassiker. Die Geschichte um zwei Kinder, die eine geheime Tür zu einem magischen Garten entdecken, faszinierte Generationen. Heute jedoch kennt kaum noch jemand dieses Werk.

Timm Thaler

James Krüss' Buch über den Jungen, der sein Lachen verkauft, war ein Jugendbuchklassiker der 1960er Jahre. Die TV-Serie von 1979 machte die Geschichte einem breiten Publikum bekannt. Doch mit den Jahren geriet sowohl das Buch als auch die Serie in Vergessenheit.

"Es muss nicht immer Kaviar sein"

Johannes Mario Simmel schrieb diesen Agentenroman mit kulinarischen Rezepten im Jahr 1960, und er wurde schnell ein Bestseller. Die Kombination aus Spionage und Kochkunst war einzigartig und machte das Buch zu einem Kult. Heutzutage ist es jedoch kaum noch in den Bücherregalen zu finden.

"Der große Preis"

Diese deutsche Quizshow, moderiert von Wim Thoelke, lief von 1974 bis 1992 und war ein Dauerbrenner im deutschen Fernsehen. Viele erinnern sich an die ikonische Erkennungsmelodie und die spannenden Wissensfragen. Aber jüngere Generationen haben kaum noch Kenntnis von dieser beliebten Show.

"Traumschiff Surprise - Periode 1"

Dieser deutsche Sci-Fi-Komödienfilm von 2004, ein Spin-off der TV-Sendung "Bullyparade", war ein Kassenschlager. Die parodistischen Elemente und die bekannte Besetzung machten ihn zu einem Kultfilm. In den letzten Jahren ist er jedoch zunehmend in Vergessenheit geraten.

Lassie

Die Abenteuer der Collie-Hündin Lassie, basierend auf dem Buch von Eric Knight aus dem Jahr 1940, waren jahrzehntelang ein fester Bestandteil des Fernsehens. Die Serie lief von 1954 bis 1973 und prägte eine ganze Generation. Heutzutage erinnert sich jedoch nur noch eine Minderheit an diese einst so populäre Serie.

"Ben Hur"

Der Roman von Lew Wallace aus dem Jahr 1880 erzählte die epische Geschichte eines jüdischen Prinzen zur Zeit Jesu Christi und wurde mehrfach verfilmt. Die bekannteste Adaption von 1959 mit Charlton Heston in der Hauptrolle war ein monumentaler Erfolg. Trotz seiner historischen Bedeutung wird der Roman heute nur noch selten gelesen.

8.2 Kuriose Fakten über bekannte Bücher

Der große Gatsby von F. Scott Fitzgerald
war zu seiner Zeit kein großer Erfolg. Es wurden zu Lebzeiten des Autors nur etwa 25.000 Exemplare verkauft. Erst nach dem Zweiten Weltkrieg wurde das Buch durch die Bemühungen von Literaturkritikern und die Aufnahme in Lehrpläne zu einem Klassiker.

J.K. Rowling
schrieb den ersten **Harry Potter**-Band auf einer alten Schreibmaschine. Viele Verlage lehnten das Manuskript ab, bevor es schließlich vom Bloomsbury-Verlag angenommen wurde. Die Tochter des Verlegers überzeugte ihren Vater, das Buch zu veröffentlichen, nachdem sie das erste Kapitel gelesen hatte.

Moby-Dick von Herman Melville
war ebenfalls ein kommerzieller Misserfolg, als es 1851 veröffentlicht wurde. Erst Jahrzehnte nach Melvilles Tod erlangte das Buch Anerkennung als eines der größten Werke der amerikanischen Literatur. Heute gilt es als Meisterwerk der Weltliteratur.

Krieg und Frieden von Leo Tolstoi
war ursprünglich nicht als Buch, sondern als Serie in einer russischen Zeitschrift geplant. Die erste vollständige Buchveröffentlichung erfolgte 1869. Tolstoi ließ sich von echten historischen Figuren und Ereignissen inspirieren, um sein episches Werk zu schaffen.

Der berühmte Satz "Es war die beste aller Zeiten, es war die schlimmste aller Zeiten" aus Charles Dickens' **Eine Geschichte aus zwei Städten** ist einer der bekanntesten Eröffnungssätze der Literaturgeschichte. Dickens selbst war ein begeisterter Performer und las seine Werke oft öffentlich vor. Diese Lesungen trugen wesentlich zu seinem Ruhm bei.

Der Herr der Ringe von J.R.R. Tolkien
wurde ursprünglich als ein einziges Buch geschrieben, aber aus wirtschaftlichen Gründen in drei Bände aufgeteilt. Tolkien verbrachte über ein Jahrzehnt mit dem Schreiben und Überarbeiten seines epischen Fantasy-Werks. Die Karten von Mittelerde, die im Buch enthalten sind, zeichnete Tolkien selbst.

Don Quijote von Miguel de Cervantes
gilt als der erste moderne Roman. Der erste Teil wurde 1605 veröffentlicht, der zweite folgte 1615. Cervantes schuf damit nicht nur eine zeitlose Satire auf die Ritterromane seiner Zeit, sondern auch eine tiefgründige Reflexion über die menschliche Natur.

Der kleine Prinz von Antoine de Saint-Exupéry
ist eines der meistübersetzten Bücher der Welt. Es wurde in über 300 Sprachen und Dialekte übersetzt. Saint-Exupéry schrieb das Buch während seines Exils in den USA während des Zweiten Weltkriegs und illustrierte es selbst.

Frankenstein von Mary Shelley

wurde erstmals 1818 anonym veröffentlicht. Shelley begann das Buch im Alter von nur 18 Jahren während eines verregneten Sommers am Genfersee, als sie und andere berühmte Autoren, darunter ihr späterer Ehemann Percy Bysshe Shelley und Lord Byron, beschlossen, sich gegenseitig Schauergeschichten zu erzählen. Das Buch gilt als eines der ersten Werke der Science-Fiction-Literatur.

1984 von George Orwell

sollte ursprünglich den Titel "Der letzte Mensch in Europa" tragen. Der dystopische Roman wurde 1949 veröffentlicht und spiegelt Orwells Ängste vor Totalitarismus und staatlicher Überwachung wider. Der Begriff "Big Brother" aus dem Buch ist heute ein fester Bestandteil der modernen Sprache.

8.3 Fernsehshows und Filme

"Daktari" (1966-1969)

Diese Serie folgte dem Leben eines Tierarztes in Afrika und war bekannt für ihre exotischen Tiere, insbesondere die schielende Löwin Clarence. Obwohl die Serie heute kaum noch erwähnt wird, war sie in den 1960er Jahren äußerst beliebt und inspirierte viele junge Menschen, Tierärzte oder Umweltschützer zu werden. Die Serie basierte auf dem Film "Clarence, der schielende Löwe" von 1965.

"Der Mann aus Atlantis" (1977-1978)

Diese kurzlebige Serie handelte von Mark Harris, dem letzten überlebenden Mitglied einer untergegangenen Zivilisation, der die Fähigkeit hatte, unter Wasser zu atmen und mit übermenschlicher Kraft zu schwimmen. Trotz der nur 13 Episoden, die ausgestrahlt wurden, hat die Show eine treue Fangemeinde und wird oft als Inspiration für spätere Unterwasser-Abenteuerserien genannt.

"Timm Thaler" (1979)

Basierend auf dem gleichnamigen Roman von James Krüss, erzählte diese Serie die Geschichte eines Jungen, der sein Lachen an den Teufel verkauft. Die Serie war besonders bei jungen Zuschauern beliebt, obwohl sie später im Vergleich zu anderen Kinderprogrammen der Zeit in Vergessenheit geriet. Die moralische Botschaft über den Wert des eigenen Lächelns bleibt jedoch unvergessen.

"The Green Hornet" (1966-1967)

Diese Serie, in der Bruce Lee als Kato mitspielte, war ein Spin-off von "Batman" und folgte den Abenteuern eines maskierten Verbrechensbekämpfers und seines asiatischen Assistenten. Obwohl sie nur eine Staffel lang lief, wurde die Serie durch Bruce Lees ikonische Kampfszenen berühmt und inspirierte viele spätere Martial-Arts-Darstellungen im Fernsehen.

"Heidi" (1978-1979)

Diese japanische Anime-Serie basierte auf dem klassischen Schweizer Roman von Johanna Spyri und wurde schnell zu einem internationalen Phänomen. Die Serie war besonders in Europa und Japan beliebt, wurde aber später von neueren Adaptionen überschattet. Die herzliche Geschichte über ein Waisenmädchen in den Alpen bleibt jedoch ein Klassiker.

"Im Land der Dinosaurier" (1974-1977)

Diese Serie handelte von einer Familie, die in eine prähistorische Welt voller Dinosaurier und seltsamer Kreaturen transportiert wurde. Trotz der begrenzten Spezialeffekte war die Serie bei Kindern sehr beliebt und regte die Fantasie an. Heute ist sie hauptsächlich durch nostalgische Erinnerungen in den Köpfen der Zuschauer präsent.

"Vater Brown" (1970-1972)

Diese britische Serie basierte auf den Kriminalgeschichten von G.K. Chesterton und folgte den Abenteuern eines katholischen Priesters, der als Amateurdetektiv Verbrechen aufklärt. Obwohl die Serie von späteren Adaptionen überschattet wurde, war sie ein früher Favorit unter Krimifans und gilt als Wegbereiter für viele ähnliche Detektivserien.

"Fury" (1955-1960)

Diese amerikanische Westernserie drehte sich um die Freundschaft zwischen einem Jungen und seinem wilden schwarzen Hengst. "Fury" war besonders bei jungen Zuschauern beliebt und förderte die Liebe zu Pferden und Abenteuer. Obwohl die Serie heute weniger bekannt ist, war sie damals ein Symbol für Freiheit und Abenteuerlust.

"Das Haus der Krokodile" (1976)

Diese deutsche Kinderserie basierte auf dem gleichnamigen Buch von Helmut Ballot und erzählte die spannende Geschichte eines Jungen, der ein Geheimnis um ein altes Haus und ein mysteriöses Krokodilbild löst. Die Serie war bei Kindern äußerst beliebt und sorgte für viele schlaflose Nächte. Heute erinnert man sich gerne an die aufregenden und manchmal gruseligen Momente der Serie.

"Raumschiff Orion" (1966)

Auch bekannt als "Raumpatrouille", war dies die erste deutsche Science-Fiction-Serie, die im ZDF ausgestrahlt wurde. Die futuristischen Spezialeffekte und die Abenteuer der Besatzung des Raumschiffs Orion waren für die damalige Zeit revolutionär. Trotz nur sieben Episoden hat die Serie Kultstatus erlangt und wird noch heute von Science-Fiction-Fans gefeiert.

9. Sprachliche Skurrilitäten - verschwundene Redewendungen

Schweinsgalopp

Früher wurde der Ausdruck „Schweinsgalopp" verwendet, um eine besonders eilige Fortbewegung zu beschreiben. Er stammt aus einer Zeit, als Schweine noch als flinke Tiere galten. Heute ist dieser Begriff fast vollständig aus unserem Sprachgebrauch verschwunden.

Schmökern

Das Wort „schmökern" bedeutete ursprünglich, genüsslich und vertieft in einem Buch zu lesen. Es stammt vom mittelhochdeutschen Wort „smöken", was „stark rauchen" heißt, und sollte das Bild von Rauch umwobener Gemütlichkeit hervorrufen. In der modernen Sprache ist dieser Ausdruck selten geworden.

Fisimatenten

Dieses Wort steht für unnötige Ausreden oder Umstände und hat eine kuriose Herkunft. Es stammt wahrscheinlich von der französischen Phrase „visitez ma tente" (besuche mein Zelt) aus der Zeit der napoleonischen Kriege. Heute hört man „Fisimatenten" nur noch selten.

Pantoffelheld

Ein „Pantoffelheld" ist ein Mann, der zu Hause von seiner Frau dominiert wird. Der Begriff stammt aus dem 19. Jahrhundert, als Pantoffeln ein Symbol für das häusliche Leben waren. Heute ist diese Redewendung weitgehend in Vergessenheit geraten.

Kaffeeschwestern

In früheren Zeiten bezeichnete man Damen, die sich regelmäßig zum Kaffeetrinken trafen, als „Kaffeeschwestern". Diese Tradition der gemütlichen Kaffeekränzchen ist mit der Zeit seltener geworden. Daher ist auch der Begriff aus dem täglichen Sprachgebrauch verschwunden.

Backfisch

Der Begriff „Backfisch" wurde im 19. Jahrhundert verwendet, um ein junges, heranwachsendes Mädchen zu beschreiben. Er stammt von der Vorstellung, dass der Fisch noch zu jung ist, um verkauft zu werden. Heute findet man diesen Ausdruck kaum noch.

Schusterjunge

In der Druckersprache bezeichnet der „Schusterjunge" eine Textzeile, die am Ende einer Spalte alleine steht. Der Begriff stammt aus der Zeit des Buchdrucks, als solche Fehler häufig vorkamen. Mit der Digitalisierung ist dieser Begriff fast völlig verschwunden.

Torschlusspanik

Dieser Ausdruck beschrieb ursprünglich die Angst, die Stadttore könnten geschlossen werden, bevor man sie erreicht. Heute wird er metaphorisch für die Angst verwendet, eine wichtige Gelegenheit zu verpassen. Obwohl noch bekannt, wird er immer seltener benutzt.

Schnurren

Früher bedeutete „schnurren“ nicht nur das Geräusch, das Katzen machen, sondern auch das Erzählen von lustigen Geschichten oder Anekdoten. Diese Bedeutung hat sich im Laufe der Zeit verloren. Heutzutage ist das Wort in dieser alten Bedeutung kaum noch geläufig.

Sapperlot

Dies ist ein Ausruf des Erstaunens oder der Empörung, der im 18. und 19. Jahrhundert weit verbreitet war. Er stammt aus dem Französischen „sacré nom de Dieu“ (heiliger Name Gottes). Heute hört man diesen Ausruf nur noch selten, meist in historischen Filmen oder Literatur.

Firlefanz

Das Wort „Firlefanz“ beschreibt unnötigen Schnickschnack oder überflüssigen Kram. Es stammt aus dem Mittelalter und leitet sich vom französischen „verlefance“ ab, was so viel wie „narrhafte Eitelkeit“ bedeutet. Heute ist „Firlefanz“ kaum noch im alltäglichen Sprachgebrauch zu finden.

Dudelsack

Früher war der „Dudelsack“ nicht nur ein Musikinstrument, sondern wurde auch als Schimpfwort für eine plappernde Person verwendet. Diese zweite Bedeutung hat sich jedoch im Laufe der Jahre verloren. Heute kennen die meisten Menschen nur noch die musikalische Bedeutung des Begriffs.

Wuchtbrumme

Eine „Wuchtbrumme" bezeichnete einst eine kräftige und durchsetzungsfähige Frau. Dieser Begriff wurde in den 1960er und 1970er Jahren häufig verwendet. Heute ist er jedoch aus der Mode gekommen und wird nur noch selten benutzt.

Zappenduster

Diese Redewendung bedeutete ursprünglich „stockfinster" und wird noch manchmal verwendet, um völlige Dunkelheit zu beschreiben. Der Begriff stammt aus dem Plattdeutschen „zapn duster". Allerdings wird er heutzutage immer seltener verwendet.

Kladderadatsch

Dieser Ausdruck wurde im 19. Jahrhundert für ein großes Durcheinander oder eine chaotische Situation verwendet. Er stammt aus dem Berliner Dialekt und wurde durch die gleichnamige satirische Wochenzeitschrift bekannt. Heute ist „Kladderadatsch" weitgehend in Vergessenheit geraten.

Schluckspecht

Ein „Schluckspecht" ist eine Person, die gerne und oft Alkohol trinkt. Diese humorvolle Bezeichnung ist im 20. Jahrhundert entstanden. Heutzutage hört man diesen Ausdruck nur noch selten, er ist weitgehend aus der Alltagssprache verschwunden.

Hasenfuß

Ein „Hasenfuß" ist eine ängstliche oder feige Person. Diese Redewendung stammt aus der Beobachtung, dass Hasen bei Gefahr schnell die Flucht ergreifen. In der modernen Sprache ist dieser Ausdruck jedoch immer seltener anzutreffen.

Schmiere stehen

Diese Redewendung bedeutet, Wache zu halten, besonders bei kriminellen Aktivitäten. Sie stammt aus dem Rotwelsch, einer Geheimsprache der Gauner und Landstreicher. Heute ist „Schmiere stehen“ nur noch selten im Gebrauch.

Kohldampf schieben

Diese Redewendung steht für großen Hunger. Sie entstand im 19. Jahrhundert, als Kohl ein Grundnahrungsmittel war und Hungergefühle mit dem Verlangen nach Kohl in Verbindung gebracht wurden. Der Ausdruck wird heutzutage nur noch selten verwendet.

Pustekuchen

Diese Redewendung wird verwendet, um auszudrücken, dass etwas nicht zutrifft oder nicht passiert. Ursprünglich bedeutete sie „vergebliche Mühe“ und stammt wahrscheinlich aus dem 19. Jahrhundert. Heutzutage ist „Pustekuchen“ nur noch selten im täglichen Sprachgebrauch zu hören.

10. Verschwundene Berufe

10.1 Berufe die heute nicht mehr existieren

Laternenanzünder

Vor der Einführung der elektrischen Straßenbeleuchtung war der Laternenanzünder ein unverzichtbarer Beruf. Diese Personen gingen bei Dämmerung von Laterne zu Laterne und zündeten diese mit einer langen Stange an. Bei Morgengrauen wiederholten sie den Prozess, um die Laternen zu löschen.

Eislieferant

Bevor es Kühlschränke gab, war der Eislieferant ein lebenswichtiger Beruf. Diese Männer transportierten große Eisblöcke aus Eislagern zu den Haushalten, damit die Menschen ihre Lebensmittel kühlen konnten. Eiswagen waren ein vertrauter Anblick in vielen Städten bis in die Mitte des 20. Jahrhunderts.

Telegraphist

Mit der Erfindung des Telefons und später des Internets verschwand der Beruf des Telegraphisten. Diese Fachkräfte waren dafür verantwortlich, Nachrichten in Morsecode zu senden und zu empfangen. Der letzte offizielle Telegraphenservice in den USA wurde 2006 eingestellt.

Kammerjäger im Mittelalter

Vor modernen Schädlingsbekämpfungsmethoden gab es den Kammerjäger, der meist rudimentäre Techniken nutzte, um Ratten und andere Plagen zu bekämpfen. Oft wurden Katzen und Frettchen eingesetzt, um die Populationen in Schach zu halten. Dieser Beruf verlor seine Bedeutung mit der Entwicklung chemischer Schädlingsbekämpfungsmittel.

Milchmann

Der Milchmann war einst eine vertraute Figur in den Wohngebieten, der frische Milch direkt an die Haustür lieferte. Mit der Einführung von Supermärkten und modernen Kühlmöglichkeiten verschwand dieser Beruf weitgehend. In den 1960er Jahren begann der Rückgang des Berufs, als mehr Haushalte Kühlschränke besaßen.

Buchdrucker

Der klassische Buchdrucker, der noch mit Bleilettern arbeitete, wurde durch moderne Drucktechniken verdrängt. Die Einführung des Offsetdrucks und später des digitalen Drucks machte die traditionellen Methoden überflüssig. Heute ist der Beruf des Buchdruckers eine seltene Spezialität geworden.

Kohlenhändler

In der Zeit, als Kohle der Hauptenergieträger war, war der Kohlenhändler ein wichtiger Lieferant. Diese Menschen lieferten Kohle an Haushalte und Unternehmen, um Heizungen und Industrieanlagen zu betreiben. Mit dem Übergang zu saubereren Energiequellen verschwand dieser Beruf nahezu vollständig.

Weichensteller

In der Frühzeit des Eisenbahnverkehrs war der Weichensteller unerlässlich, um Züge auf die richtigen Gleise zu leiten. Diese Tätigkeit wurde manuell durchgeführt und verlangte hohe Konzentration und Verantwortung. Automatische Signalsysteme und elektronische Steuerungen haben diese Aufgabe übernommen.

Berufsschreiber

Vor der weiten Verbreitung von Schreibmaschinen und Computern war der Berufsschreiber für die Dokumentation und Verwaltung von Schriftstücken verantwortlich. Diese Experten mussten nicht nur schön, sondern auch schnell und fehlerfrei schreiben können. Mit der Digitalisierung von Dokumenten verschwand dieser Beruf weitgehend.

Blaupausenhersteller

Der Beruf des Blaupausenherstellers, der für die Erstellung von technischen Zeichnungen und Bauplänen zuständig war, wurde durch moderne Druck- und Kopiertechniken ersetzt. Früher wurden spezielle lichtempfindliche Papiere verwendet, um Baupläne zu vervielfältigen. Heute geschieht dies digital und ist Teil der Arbeit von Ingenieuren und Architekten.

10.2 Anekdoten über die Arbeitswelt von damals

Kutscher

Vor der Einführung des Automobils war der Kutscher ein unverzichtbarer Beruf. Diese Männer lenkten Pferdekutschen durch die Städte und sorgten für den Transport von Menschen und Waren. Es wird erzählt, dass ein guter Kutscher seine Pferde so gut kannte, dass er sie fast ohne Zügel lenken konnte.

Glöckner

Der Glöckner hatte die Aufgabe, die Kirchenglocken manuell zu läuten, um die Gemeinde zu Messen und besonderen Anlässen zu rufen. Es gibt Geschichten von Glöcknern, die die Glockenseile meisterhaft bedienten und dabei beeindruckende Klangmuster erzeugten. Mit der Automatisierung der Glockentürme verschwand diese Kunst.

Botenläufer

Bevor es zuverlässige Postdienste und Telefone gab, wurden Nachrichten von Botenläufern überbracht, die oft weite Strecken zu Fuß zurücklegten. Eine bekannte Anekdote erzählt von einem Botenläufer, der einmal 100 Kilometer in weniger als 24 Stunden zurücklegte, um eine wichtige Botschaft zu überbringen.

Hufschmied

Der Hufschmied war ein essentieller Beruf, insbesondere in ländlichen Gebieten, wo Pferde das Haupttransportmittel waren. Es gibt zahlreiche Geschichten von Hufschmieden, die nicht nur die Hufeisen anpassten, sondern auch als Tierärzte fungierten. Mit der Verbreitung von Autos ging die Zahl der Hufschmiede stark zurück.

Telefonistin

Früher wurden Telefongespräche manuell von Telefonistinnen vermittelt, die Anrufe durch Stecken von Kabeln in die richtigen Buchsen verbanden. Es heißt, dass manche Telefonistinnen ganze Gemeinden im Kopf hatten und oft als inoffizielle Informationsquelle dienten. Mit der Automatisierung der Telefonnetze verschwand dieser Beruf.

Zinngießer

Zinngießer stellten Haushaltsgegenstände wie Becher, Teller und Kerzenhalter aus Zinn her. Eine Anekdote berichtet von einem Zinngießer, der so talentiert war, dass er während eines Volksfests in wenigen Stunden ganze Sets von Bechern goss und verkaufte. Plastik und Edelstahl verdrängten diese traditionellen Handwerksprodukte.

Seifensieder

Vor der industriellen Produktion von Seife war der Seifensieder ein wichtiger Handwerksberuf. Es gibt Geschichten von Seifensiedern, die geheime Familienrezepte bewahrten und weitergaben. Mit der Massenproduktion und Supermarktverkäufen verschwand diese Art von Handwerk.

Nadelmacher

Nadelmacher fertigten in Handarbeit Nadeln, die für Kleidung und andere Textilarbeiten benötigt wurden. Eine alte Geschichte erzählt von einer Familie, die über Generationen hinweg Nadeln herstellte und dafür bekannt war, die besten und schärfsten Nadeln der Region zu produzieren. Heutzutage werden Nadeln maschinell hergestellt.

Löffelschnitzer

In vielen Regionen war der Löffelschnitzer ein angesehener Handwerksberuf. Es gibt Anekdoten von Löffelschnitzern, die besonders kunstvolle und dekorative Löffel für Hochzeiten und Feste schnitzten. Die industrielle Fertigung verdrängte dieses Handwerk im Laufe des 20. Jahrhunderts.

Haderlumpensammler

Haderlumpensammler zogen durch die Straßen und sammelten alte Kleidung und Stoffreste, die zu Papier verarbeitet wurden. Eine bekannte Geschichte handelt von einem Haderlumpensammler, der immer einen kleinen Hund bei sich hatte, der ihm half, die besten Stoffreste zu finden. Mit der Einführung von Holz- und Zellstoffpapier verschwand dieser Beruf.

11. Sport und Freizeit

11.1 Ungewöhnliche Sportarten aus aller Welt

Zorbing

Zorbing ist ein extremer Freizeitsport, bei dem man in einer riesigen, aufblasbaren Kugel den Hang hinunterrollt. Ursprünglich aus Neuseeland, bietet Zorbing eine einmalige Erfahrung der Schwerelosigkeit und des rollenden Wahnsinns. Es gibt sogar Zorbing-Wettbewerbe, bei denen Geschwindigkeit und Geschicklichkeit getestet werden.

Eisstockschießen

Ähnlich wie Curling, aber weniger bekannt, wird Eisstockschießen hauptsächlich in den Alpenregionen Deutschlands, Österreichs und der Schweiz gespielt. Die Spieler werfen spezielle Eisstöcke über eine Eisbahn und versuchen, sie so nah wie möglich an eine Markierung zu platzieren. Dieser Sport hat eine lange Tradition und wird oft bei Volksfesten ausgeübt.

Buzkashi

Ein traditioneller zentralasiatischer Sport, der als Vorläufer des Polo gilt, bei dem Reiter versuchen, eine enthäutete Ziegenkadaver in das Tor des gegnerischen Teams zu werfen. Besonders populär in Afghanistan, ist Buzkashi ein harter und anstrengender Sport, der viel Geschick und Mut erfordert. Die Spiele können mehrere Tage dauern und sind oft ein großes gesellschaftliches Ereignis.

Toe Wrestling

Diese skurrile Sportart, bei der zwei Kontrahenten mit ihren großen Zehen ringen, stammt aus England. Toe Wrestling wird ähnlich wie Armdrücken gespielt, nur dass die Zehen der Athleten die Hauptrolle spielen. Es gibt sogar Weltmeisterschaften in dieser Disziplin, die jedes Jahr ausgetragen werden.

Ferret Legging

In dieser ungewöhnlichen britischen Sportart stecken Teilnehmer lebende Frettchen in ihre Hosen und versuchen, sie so lange wie möglich dort zu halten. Der aktuelle Rekord liegt bei über fünf Stunden. Dieser bizarre Wettbewerb erfordert Mut und eine hohe Schmerztoleranz.

Bossaball

Eine Mischung aus Volleyball, Fußball, Gymnastik und Trampolinspringen, Bossaball wurde in Spanien erfunden. Gespielt wird auf einem aufblasbaren Feld mit einem integrierten Trampolin auf jeder Seite des Netzes. Die Athleten nutzen spektakuläre Sprünge und akrobatische Manöver, um den Ball im gegnerischen Feld zu platzieren.

Cheese Rolling

Ein traditionelles britisches Rennen, bei dem Teilnehmer einen steilen Hügel hinunterlaufen, um einen rollenden Laib Käse zu fangen. Das Event findet jährlich in Gloucestershire statt und zieht zahlreiche waghalsige Teilnehmer und Zuschauer an. Verletzungen sind häufig, aber der Ruhm, den Käse zu gewinnen, ist unbezahlbar.

Sepak Takraw
Ein spektakulärer Sport aus Südostasien, der eine Mischung aus Volleyball und Fußball darstellt. Die Spieler nutzen ihre Füße, Knie, Brust und den Kopf, um einen Rattanball über ein Netz zu schlagen. Besonders beeindruckend sind die akrobatischen Schmetterbälle und atemberaubenden Spielzüge.

Extreme Ironing
Bei diesem kuriosen Sport geht es darum, unter extremen Bedingungen zu bügeln, wie auf Berggipfeln, unter Wasser oder während man Fallschirmspringt. Extreme Ironing verbindet den Alltag mit dem Abenteuer und hat weltweit eine begeisterte Anhängerschaft. Die Teilnehmer suchen ständig nach neuen und verrückteren Orten, um ihre Bügelkünste zu demonstrieren.

Wife Carrying
Ursprünglich aus Finnland, besteht das Wife Carrying (Frauentragen) darin, dass Männer ihre Ehefrauen durch einen Hindernisparcours tragen. Die Sieger gewinnen das Gewicht ihrer Frau in Bier. Dieser sportliche Spaß hat sich zu einem internationalen Wettbewerb entwickelt, der Paare aus der ganzen Welt anzieht.

11.2 Historische Freizeitbeschäftigungen

19. Jahrhundert

Gesellschaftsspiele und Lesekreise**: Im 19. Jahrhundert waren Gesellschaftsspiele wie Schach und Dame sowie Lesekreise äußerst beliebt. Familien und Freunde trafen sich regelmäßig, um gemeinsam Bücher zu lesen und darüber zu diskutieren. Diese Aktivitäten förderten sowohl Bildung als auch Gemeinschaftsgefühl.

1920er Jahre: Tanzfieber und Jazzclubs

Die 1920er Jahre, auch bekannt als die Roaring Twenties, waren geprägt von einer Tanzwut, angeheizt durch den aufkommenden Jazz. Jazzclubs und Tanzveranstaltungen schossen in Großstädten weltweit aus dem Boden. Der Charleston und der Lindy Hop waren die beliebtesten Tänze dieser Ära.

1930er Jahre: Kino und Filmabende

Mit der Einführung des Tonfilms in den späten 1920er Jahren erlebten Kinos in den 1930er Jahren einen enormen Aufschwung. Filmabende wurden zu einer beliebten Freizeitbeschäftigung, und die Filmindustrie boomte mit Stars wie Clark Gable und Greta Garbo. Filme boten eine willkommene Ablenkung von den schwierigen Zeiten der Weltwirtschaftskrise.

1950er Jahre: Rock 'n' Roll und Autokinos

Die 1950er Jahre brachten den Rock 'n' Roll und damit eine neue Jugendkultur hervor. Elvis Presley und Chuck Berry wurden zu Ikonen, und Teenager tanzten zu ihren Hits in Tanzlokalen und bei Hauspartys. Autokinos, in denen man Filme vom Auto aus ansehen konnte, wurden ebenfalls populär.

1960er Jahre: Hippiebewegung und Musikfestivals

Die 1960er Jahre waren das Jahrzehnt der Hippiebewegung, die Frieden, Liebe und Musik feierte. Große Musikfestivals wie Woodstock wurden zu kulturellen Meilensteinen. Neben der Musik engagierten sich viele in politischen Protesten und sozialen Bewegungen.

1970er Jahre: Fitnesswelle und Aerobic

Die 1970er Jahre brachten eine Fitnessrevolution mit sich, angeführt von Jane Fonda und ihrer Aerobic-Welle. Fitnessstudios schossen aus dem Boden, und Jogging wurde zum beliebten Freizeitvergnügen. Das Streben nach körperlicher Fitness und Gesundheit wurde zunehmend wichtiger.

1980er Jahre: Videospiele und Heimcomputer

In den 1980er Jahren eroberten Videospiele und Heimcomputer die Haushalte. Klassiker wie Pac-Man und Space Invaders begeisterten Millionen von Spielern weltweit. Gleichzeitig begann die Ära der Heimcomputer, die neue Möglichkeiten der Freizeitgestaltung und Unterhaltung boten.

1990er Jahre: Internet und Online-Chats

Das Aufkommen des Internets in den 1990er Jahren revolutionierte die Freizeitgestaltung. Online-Chats und Foren ermöglichten es Menschen, weltweit miteinander zu kommunizieren und sich zu vernetzen. E-Mail und Webseiten eröffneten neue Dimensionen der Information und Unterhaltung.

2000er Jahre: Social Media und Smartphones

Mit dem Aufstieg von Social Media Plattformen wie Facebook und Twitter sowie der Verbreitung von Smartphones veränderte sich die Freizeitgestaltung erneut grundlegend. Menschen verbrachten immer mehr Zeit online, um sich zu vernetzen, Fotos zu teilen und Informationen auszutauschen. Mobile Spiele und Apps boten zudem neue Formen der Unterhaltung.

2010er Jahre: Streaming und On-Demand-Kultur

Die 2010er Jahre brachten eine Explosion von Streaming-Diensten wie Netflix und Spotify, die die Art und Weise, wie wir Filme, Serien und Musik konsumieren, revolutionierten. On-Demand-Inhalte ermöglichten es den Menschen, ihre Freizeit individuell und flexibel zu gestalten. Binge-Watching wurde zu einem weit verbreiteten Phänomen, das die traditionelle Fernsehkultur veränderte.

12. Tierische Kuriositäten

12.1 Tierische Rekorde

Die größte Schildkröte

Die Lederschildkröte kann bis zu 2,5 Meter lang und über 900 Kilogramm schwer werden. Das entspricht in etwa dem Gewicht eines kleinen Autos!

Der lauteste Vogel

Der Weißglöckchenvogel aus dem Amazonas kann einen Schrei von bis zu 125 Dezibel erzeugen, was lauter ist als ein Rockkonzert.

Der schnellste Läufer

Der Gepard hält den Rekord als das schnellste Landtier und kann Geschwindigkeiten von bis zu 112 km/h erreichen, schneller als die meisten Autos in der Stadt fahren dürfen.

Der älteste Fisch

Der Grönlandhai kann über 400 Jahre alt werden. Einige dieser Haie sind älter als die USA als Nation!

Der kleinste Affe

Der Zwergseidenaffe, auch Fingeräffchen genannt, wiegt nur etwa 100 Gramm und ist etwa so groß wie eine Banane.

Der beste Taucher

Der Pinguin ist ein Meister des Tauchens und kann Tiefen von bis zu 500 Metern erreichen. Das entspricht der Höhe des Empire State Buildings!

Das schwerste Insekt

Der Goliathkäfer aus Afrika kann bis zu 100 Gramm wiegen, was so viel ist wie eine kleine Tafel Schokolade.

Der am weitesten wandernde Vogel

Die Küstenseeschwalbe legt auf ihrer jährlichen Migration zwischen Arktis und Antarktis rund 70.000 Kilometer zurück – das ist mehr als anderthalbmal um die Erde.

Der beste Gewichtheber

Der Nashornkäfer kann das 850-fache seines eigenen Körpergewichts heben. Stellen Sie sich vor, Sie könnten Ihr eigenes Gewicht in Lastwagen heben!

Der giftigste Fisch

Der Steinfisch ist der giftigste Fisch der Welt. Sein Gift kann innerhalb von Stunden tödlich sein, wenn es nicht behandelt wird.

Das schnellste Wasserfahrzeug

Der Schwarze Marlin kann mit bis zu 82 km/h durch das Wasser schießen und ist damit das schnellste Meerestier.

Der lauteste Insektenruf

Die Zirpe, auch als Zikade bekannt, kann Geräusche von bis zu 120 Dezibel erzeugen. Das ist lauter als ein Rasenmäher.

Das größte Ei

Der Strauß legt die größten Eier aller lebenden Vögel. Ein Straußenei kann bis zu 1,5 Kilogramm wiegen und entspricht etwa 24 Hühnereiern.

Das Tier mit den meisten Beinen

Der Tausendfüßler Illacme plenipes hat bis zu 750 Beine. Trotz seines Namens hat er also keine tausend Beine, aber immer noch mehr als jedes andere Tier.

Der längste Schlaf

Der Braunbär hält den Rekord für den längsten Winterschlaf. Er kann bis zu sieben Monate ohne Nahrung oder Wasser auskommen.

Die meisten Nachkommen

Das Ozeanfischweibchen Mola mola (Mondfisch) kann bis zu 300 Millionen Eier auf einmal legen, mehr als jedes andere Wirbeltier.

Das tiefste Tier

Der Marin-Teufel, auch bekannt als Schwarzer Seeteufel, lebt in Tiefen von über 2.000 Metern. Diese Tiefsee-Fische haben spezielle Leuchtorgane, um Beute in der Dunkelheit anzulocken.

Der beste Architekt

Der Termitenbau kann bis zu 9 Meter hoch werden und ist ein Meisterwerk der natürlichen Belüftung und Temperaturregelung.

Die längste Zunge

Der Riesen-Ameisenbär hat eine Zunge, die bis zu 60 Zentimeter lang werden kann. Mit dieser langen Zunge kann er leicht Ameisen und Termiten aus ihren Nestern lecken.

12.2 Tierische Skurrilitäten

Oktopusse haben drei Herzen

Zwei dieser Herzen pumpen Blut durch die Kiemen, um Sauerstoff aufzunehmen, während das dritte den Rest des Körpers versorgt. Wenn ein Oktopus schwimmt, hört das dritte Herz auf zu schlagen, was ihn langsamer macht. Interessanterweise haben Oktopusse auch blaues Blut, weil es auf Kupfer statt auf Eisen basiert. Dies hilft ihnen, in kaltem, sauerstoffarmen Wasser zu überleben.

Die Zunge eines Blauwals wiegt so viel wie ein Elefant

Eine Zunge dieses gigantischen Meeressäugers kann bis zu 2,7 Tonnen auf die Waage bringen. Ein ausgewachsener Blauwal kann bis zu 33 Meter lang werden und ist das größte Tier, das je auf der Erde gelebt hat. Seine Nahrung besteht hauptsächlich aus winzigem Krill, von dem er täglich etwa vier Tonnen verzehrt. Trotz seiner Größe hat er einen relativ schmalen Hals.

Ziegen haben rechteckige Pupillen

Diese besondere Form ihrer Pupillen ermöglicht ihnen ein Sichtfeld von nahezu 360 Grad. Dies ist besonders nützlich, um Raubtiere frühzeitig zu entdecken. Ziegen sind auch sehr neugierige und soziale Tiere, die in der Lage sind, starke Bindungen sowohl zu ihren Artgenossen als auch zu Menschen aufzubauen. Ihr außergewöhnliches Sehvermögen ist ein evolutionärer Vorteil, um in offenen und bergigen Landschaften zu überleben.

Seesterne haben kein Gehirn und kein Blut

Stattdessen nutzen sie ein einzigartiges Wassergefäßsystem, um Nährstoffe und Sauerstoff zu transportieren. Ihre Arme können sich regenerieren, wenn sie verloren gehen, was ihnen hilft, nach Angriffen schnell zu heilen. Sie bewegen sich langsam, indem sie winzige Röhrenfüßchen auf der Unterseite ihrer Arme benutzen. Seesterne sind faszinierende Kreaturen der Meere, die in vielen Farben und Formen vorkommen.

Schnecken können bis zu drei Jahre schlafen

In extremen Klimazonen, wo es sehr trocken oder kalt ist, ziehen sich Schnecken in ihre Schalen zurück und dichten sich mit Schleim ab. Dies schützt sie vor Austrocknung und extremen Temperaturen. Während dieses Zustands verlangsamen sich ihre Körperfunktionen drastisch, um Energie zu sparen. Dieses Phänomen nennt man Estivation oder Hibernation, je nach den klimatischen Bedingungen.

Koalas haben einzigartige Fingerabdrücke

Diese Abdrücke sind den menschlichen so ähnlich, dass sie unter einem Mikroskop schwer zu unterscheiden sind. Wissenschaftler vermuten, dass Koalas diese Abdrücke entwickelten, um besser in den Bäumen greifen zu können. Ihr Leben verbringt der Koala fast ausschließlich in Eukalyptusbäumen, wo er schläft und frisst. Koalas sind in Australien heimisch und werden oft als niedlich und kuschelig beschrieben, obwohl sie in freier Wildbahn ziemlich scheu sind.

Kakerlaken können bis zu eine Woche ohne Kopf überleben

Das liegt daran, dass sie ein einfaches Kreislaufsystem haben und durch Löcher in ihren Körpern atmen. Schließlich sterben sie jedoch an Durst, weil sie ohne Mund nicht trinken können. Kakerlaken sind extrem widerstandsfähig und können unter extremen Bedingungen überleben. Diese Insekten haben die Fähigkeit, radioaktive Strahlung und hohe Druckverhältnisse zu überstehen, was sie zu wahren Überlebenskünstlern macht.

Faultiere kommen so selten auf den Boden, dass Algen auf ihrem Fell wachsen

Diese Algen bieten eine hervorragende Tarnung gegen Raubtiere. Faultiere verbringen den größten Teil ihres Lebens kopfüber in den Bäumen, wo sie langsam und bedächtig bewegen. Ihre langsame Bewegungsweise und ihr langsamer Stoffwechsel sind Anpassungen an eine kalorienarme Ernährung aus Blättern. Faultiere klettern nur einmal pro Woche von den Bäumen, um ihre Notdurft zu verrichten.

Flamingos sind von Natur aus weiß

Ihre charakteristische rosa Farbe erhalten sie durch die Nahrung, die sie zu sich nehmen, insbesondere von Krustentieren und Algen, die reich an Beta-Carotin sind. Diese Pigmente werden in ihr Gefieder eingelagert und verleihen ihm die auffällige Färbung. Flamingos leben oft in großen Kolonien, was ihnen zusätzlichen Schutz vor Raubtieren bietet. Ihre langen Beine und Hälse sind ideal angepasst, um in seichtem Wasser nach Nahrung zu suchen.

Hummer können uralt werden und theoretisch nicht an Altersschwäche sterben

Ihr Wachstum hört nie auf, und sie können sehr alt werden, solange sie nicht gefangen oder krank werden. Hummer durchlaufen regelmäßige Häutungen, bei denen sie ihren Panzer abwerfen und einen neuen bilden. Dieser Prozess ermöglicht es ihnen, Verletzungen zu heilen und verlorene Gliedmaßen nachwachsen zu lassen. Wissenschaftler untersuchen diese erstaunliche Regenerationsfähigkeit, um mehr über Alterung und Zellregeneration zu lernen.

12.3 Tierische Intelligenz

Schlaue Oktopusse

Oktopusse können Werkzeuge benutzen. Sie wurden dabei beobachtet, wie sie Kokosnussschalen als Schutz und Unterschlupf verwenden.

Raben-Trickkiste

Raben können komplexe Probleme lösen und haben gezeigt, dass sie eine Art von Kausalverständnis besitzen, das bei menschlichen Kindern erst im Alter von fünf Jahren entwickelt wird.

Delfine auf Namen

Delfine geben sich gegenseitig Namen. Sie haben individuelle Pfeiflaute, die wie Namen funktionieren, um sich gegenseitig zu identifizieren.

Schlaue Schweine

Schweine können Spiele auf dem Computer spielen. Sie haben gelernt, Joysticks zu bedienen und einfache Videospiele zu spielen, bei denen sie Punkte für das Bewegen eines Cursors auf dem Bildschirm sammeln.

Elster-Ego

Elstern können sich im Spiegel erkennen. Sie bestehen den Spiegeltest, was auf ein gewisses Maß an Selbstbewusstsein hinweist – etwas, das nur wenige Tiere können.

Wunderbare Wölfe

Wölfe zeigen unglaubliche Planungsfähigkeiten und Zusammenarbeit. Sie arbeiten strategisch zusammen, um Beute zu fangen, und passen ihre Taktiken je nach Beute und Umgebung an.

Kluge Krähen

Krähen können menschliche Gesichter erkennen und merken sich, wer ihnen gegenüber freundlich oder feindselig war. Sie können diese Informationen über Generationen weitergeben.

Aufmerksame Elefanten

Elefanten haben ein ausgezeichnetes Gedächtnis. Sie können sich über Jahre hinweg an Wasserstellen, Futterplätze und sogar Menschen erinnern.

Aufmerksame Ameisen

Ameisen können komplexe Probleme lösen, wie etwa die kürzeste Route zu einer Nahrungsquelle zu finden, indem sie Pheromonspuren legen und optimieren.

Pfiffige Papageien

Einige Papageienarten, wie der Graupapagei, können die Bedeutung von Wörtern verstehen und einfache mathematische Probleme

12.3 Historische Tiergeschichten

Laika, die erste Weltraumhündin

Laika, ein Mischlingshund aus Moskau, war das erste Lebewesen, das die Erde umkreiste. Am 3. November 1957 wurde sie an Bord von Sputnik 2 in den Weltraum geschossen. Leider war die Technologie damals noch nicht weit genug fortgeschritten, um Laika sicher zurückzubringen. Sie starb einige Stunden nach dem Start an Überhitzung und Stress.

Hannibals Elefanten

Der Karthager Hannibal nutzte Elefanten als Kriegstiere, um die Alpen zu überqueren und das Römische Reich anzugreifen. Diese beeindruckenden Tiere halfen, die römischen Legionen zu überraschen. Allerdings überlebten nur wenige Elefanten die strapaziöse Reise über die Berge. Hannibals Einsatz von Elefanten blieb ein legendäres Beispiel militärischer Strategie.

Balto, der heldenhafte Schlittenhund

Balto war ein Siberian Husky, der 1925 half, eine lebenswichtige Lieferung von Diphtherie-Serum nach Nome, Alaska, zu bringen. Die Stadt war von einer Epidemie bedroht, und Balto führte sein Schlittenhund-Team durch schreckliche Wetterbedingungen. Sein Mut und seine Ausdauer retteten viele Menschenleben. Heute steht eine Statue von Balto im Central Park in New York.

Stubby, der Kriegsheld

Sergeant Stubby war ein Streuner, der zum Helden des Ersten Weltkriegs wurde. Dieser Bullterrier-Mischling nahm an 17 Schlachten teil und warnte Soldaten vor Giftgasangriffen und eingehenden Artilleriegeschossen. Stubby wurde für seine Tapferkeit mehrfach ausgezeichnet und war das erste Tier, das in den USA militärischen Rang erhielt.

Cher Ami, die taube Heldin

Cher Ami war eine Brieftaube im Ersten Weltkrieg, die zur Rettung von fast 200 Soldaten beitrug. Trotz schwerer Verletzungen lieferte sie eine wichtige Nachricht, die die Position der eingeschlossenen Soldaten enthüllte. Cher Ami wurde als Held gefeiert und erhielt mehrere Auszeichnungen. Nach ihrem Tod wurde sie einbalsamiert und im Smithsonian Museum ausgestellt.

Hachiko, der treue Hund

Hachiko, ein Akita aus Japan, wurde für seine außergewöhnliche Treue bekannt. Er wartete jeden Tag am Bahnhof von Shibuya auf die Rückkehr seines verstorbenen Besitzers, Professor Ueno, obwohl dieser schon lange tot war. Hachiko setzte diese Routine fast zehn Jahre lang fort. Heute erinnert eine Statue am Shibuya-Bahnhof an seine Loyalität.

Topsy, der Elefant und die Elektrizität

Topsy war ein Zirkuselefant, der 1903 durch eine bizarre Demonstration der elektrischen Strömung starb. Thomas Edison führte diese Demonstration durch, um die Gefahren des Wechselstroms (AC) zu beweisen. Dies war Teil des sogenannten „Stromkrieges“ zwischen Edison und Nikola Tesla. Der Vorfall bleibt ein düsteres Kapitel in der Geschichte der Elektrizität.

Unsinkable Sam, die Schiffskatze

Unsinkable Sam, auch bekannt als Oscar, war eine Schiffskatze, die den Untergang von drei verschiedenen Schiffen im Zweiten Weltkrieg überlebte. Ursprünglich war er an Bord des deutschen Schlachtschiffs Bismarck. Nach dem Untergang der Bismarck wurde er von der britischen HMS Cossack gerettet, die ebenfalls sank. Schließlich wurde er auf der HMS Ark Royal stationiert, die ebenfalls unterging. Sam überlebte alle Katastrophen und verbrachte seine letzten Tage an Land.

Wojtek, der Bär im Militärdienst

Wojtek war ein syrischer Braunbär, der von polnischen Soldaten im Zweiten Weltkrieg adoptiert wurde. Er half den Soldaten, indem er Munitionskisten trug und für Unterhaltung sorgte. Wojtek wurde offiziell in die polnische Armee aufgenommen und diente als Maskottchen. Nach dem Krieg verbrachte er den Rest seines Lebens in einem schottischen Zoo.

Der Papagei des Andrew Jackson

Präsident Andrew Jackson hatte einen Papagei namens Polly, der berüchtigt dafür war, anstößige Wörter zu sagen. Polly wurde während Jacksons Beerdigung aus der Zeremonie entfernt, weil sie begann, Flüche zu schreien. Der Vogel war ein Geschenk an Jackson und hatte viele Ausdrücke von seinem Besitzer gelernt. Pollys Unverschämtheit bleibt ein kurioses Detail aus der Geschichte amerikanischer Präsidenten.

13. Lachattacken und Denksport

1. Was hat vier Räder und Flügel, aber kann nicht fliegen?

2. Was ist schwer zu halten, aber leicht zu verlieren?

3. Warum haben Rentner immer Zeit?

4. Warum brauchen Rentner keine To-Do-Listen?

5. Was ist immer bei dir, aber du merkst es nicht, bis du es brauchst?

6. Was wird immer länger, je mehr man daran zieht?

7. Warum lieben Rentner Kreuzworträtsel?

8. Was hat viele Zähne, aber kann nicht beißen?

9. Was macht Rentner müder: Ein Spaziergang oder ein Mittagsschlaf?

10. Was kann man nicht sehen, aber es hält einen nachts wach?

11. Was ist das beste an einem Rentner-Dasein?

12. Was kann man sich immer leisten, aber nie bezahlen?

13. Warum sind Rentner wie gute Weine?

14. Warum spielen Rentner gerne Bingo?

15. Was ist das größte Geschenk, das ein Rentner bekommen kann?

1. Antwort: Ein Einkaufswagen im Supermarkt.

2. Antwort: Die Lesebrille.

3. Antwort: Weil sie ihre Uhren auf "Ruhestand" gestellt haben.

4. Antwort: Weil sie schon alles gemacht haben.

5. Antwort: Dein Schlüsselbund.

6. Antwort: Die Geschichte, die ein Rentner erzählt.

7. Antwort: Weil sie schon immer gut im Ausfüllen waren.

8. Antwort: Ein Kamm.

9. Antwort: Ein Mittagsschlaf, weil man danach wieder aufstehen muss.

10. Antwort: Der Wecker, der in einer Stunde klingelt.

11. Antwort: Dass man nicht mehr so tun muss, als würde man zuhören.

12. Antwort: Ein Lächeln.

13. Antwort: Sie werden mit dem Alter besser.

14. Antwort: Weil sie die Zahlen besser verstehen als ihre Enkel.

15. Antwort: Ein Tag ohne Arztbesuche.

16. Warum sind Rentner wie alte Autos?

17. Warum lieben Rentner Gartenarbeit?

18. Was kann man immer noch gut machen, auch wenn man alt ist?

19. Was ist das beste an einem Seniorenteller im Restaurant?

20. Warum sind Rentner die besten Geschichtenerzähler?

21. Was hat keine Beine, läuft aber den ganzen Tag?

22. Warum lieben Rentner Spaziergänge im Park?

23. Was ist lang und wird immer kürzer, je älter man wird?

24. Warum erzählen Rentner gerne Geschichten aus ihrer Jugend?

25. Was kann man nicht anfassen, aber es ist immer da?

26. Warum sind Rentner wie gute Bücher?

27. Was ist das beste an einem Nachmittagsschläfchen?

28. Was kann man kaufen, aber nicht besitzen?

29. Was ist das Lieblingswerkzeug eines Rentners?

30. Warum sind Rentner wie Oldtimer?

16. Antwort: Beide brauchen mehr Pflege und Aufmerksamkeit.

17. Antwort: Weil sie endlich Zeit haben, ihre eigenen Wurzeln zu pflegen.

18. Antwort: Geschichten erzählen.

19. Antwort: Die Portion ist kleiner, aber das Dessert ist immer inklusive.

20. Antwort: Weil sie die Zeit haben, die Geschichte richtig zu erzählen.

21. Antwort: Die Uhr.

22. Antwort: Weil die Bänke dort so bequem sind.

23. Antwort: Die Geduld.

24. Antwort: Weil die guten alten Zeiten einfach immer besser werden.

25. Antwort: Die Erinnerung.

26. Antwort: Weil sie voller Geschichten und Weisheit stecken.

27. Antwort: Man kann es jederzeit wiederholen.

28. Antwort: Zeit.

29. Antwort: Der Fernsehsessel.

30. Antwort: Beide brauchen mehr Pflege, aber sind unbezahlbar.

31. Was hat viele Blätter, aber keine Wurzeln?

32. Warum sind Rentner die besten Berater?

34. Was ist das größte Abenteuer für einen Rentner?

35. Was kann man immer mitnehmen, aber nicht tragen?

36. Warum sind Rentner wie alte Weine?

37. Was kann man immer teilen, aber nie verlieren?

38. Warum lieben Rentner Postkarten?

39. Was kann man hören, aber nicht sehen?

40. Warum sind Rentner wie gute Musik?

41. Was macht ein Rentner, wenn er sich langweilt?

42. Warum haben Rentner keine Angst vor dem Montag?

43. Warum tragen Rentner immer einen Hut?

44. Was ist das Lieblingsgetränk eines Rentners?

45. Warum lieben Rentner Kartenspiele?

46. Was macht ein Rentner, wenn er einen Schlüssel verliert?

31. Antwort: Ein Buch.

32. Antwort: Weil sie das Leben bereits durchlebt haben.

34. Antwort: Ein Tag ohne Pläne.

35. Antwort: Die Erinnerungen.

36. Antwort: Weil sie mit der Zeit immer besser werden.

37. Antwort: Ein Lächeln.

38. Antwort: Weil sie Erinnerungen an ferne Orte wecken.

39. Antwort: Eine gute Geschichte.

40. Antwort: Weil sie nie aus der Mode kommen.

41. Antwort: Er erinnert sich daran, dass Langeweile auch eine Form der Freiheit ist.

42. Antwort: Weil jeder Tag ein Samstag ist.

43. Antwort: Damit die Gedanken nicht wegfliegen.

44. Antwort: Tee, weil man dafür die meiste Zeit hat.

45. Antwort: Weil sie das Glück schon oft herausgefordert haben.

46. Antwort: Er sucht so lange, bis er sich erinnert, dass er ihn in der Hand hält.

47. Warum brauchen Rentner keine Kalender?

48. Was hat viele Beine, aber kann nicht laufen?

49. Warum mögen Rentner das Wetter?

50. Was macht ein Rentner, wenn er sich langweilt?

51. Was ist immer da, aber wird nie älter?

52. Warum sind Rentner wie gute Bücher?

53. Was ist das größte Vergnügen für einen Rentner?

54. Warum lieben Rentner ihre Sofas?

55. Was macht ein Rentner, wenn der Fernseher kaputt geht?

56. Warum sind Rentner wie gute Nachbarn?

57. Was hat einen Kopf, einen Fuß, aber keinen Körper?

58. Warum gehen Rentner gerne zum Arzt?

59. Was ist das Beste an einem Besuch der Enkel?

47. Antwort: Weil jeder Tag ein Urlaubstag ist.

48. Antwort: Ein Stuhlkreis im Seniorenclub.

49. Antwort: Weil es immer ein Gesprächsthema bietet.

50, Antwort: Er findet einen Weg, sich nicht zu langweilen.

51. Antwort: Die Neugier.

52. Antwort: Weil man sie immer wieder lesen möchte.

53. Antwort: Den Enkeln Geschichten zu erzählen.

54. Antwort: Weil sie das beste Plätzchen zum Träumen sind.

55. Antwort: Er erzählt seinen Enkeln Geschichten über die Zeit, als es noch kein Fernsehen gab.

56. Antwort: Weil sie immer da sind, wenn man sie braucht.

57. Antwort: Ein Bett.

58. Antwort: Weil es eine Gelegenheit ist, alte Freunde zu treffen.

59. Antwort: Dass sie am Ende des Tages wieder nach Hause gehen.

Weiter gehts...

1. Warum hat das Zebra Streifen? Weil es sonst als schwarzweißes Foto durchgeht!

2. Wusstest du, dass eine Schnecke bis zu drei Jahre schlafen kann? Also, falls du dich nach dem Mittagsschlaf verschlafen fühlst, denk dran, es könnte schlimmer sein!

3. Warum heulen Wölfe den Mond an? Weil sie beim Fernsehen keinen Empfang haben!

4. Unnützes Wissen: Der Herzschlag eines Kolibris schlägt bis zu 1.200 Mal pro Minute. Also, wenn du denkst, du hast Stress, stell dir vor, du wärst ein Kolibri!

5. Ein Känguru kann nicht rückwärts hüpfen. Also, wenn du jemals nach Australien gehst, kannst du dich immer sicher fühlen – Kängurus verfolgen dich nie rückwärts!

6. Warum essen Pinguine Fisch? Weil sie im Wasser keine Würstchen finden!

7. Hast du gewusst, dass in der Antarktis Eisbären und Pinguine sich niemals treffen? Sie könnten es nicht ertragen, ständig über „Eisbrecher" Witze zu lachen!

8. Unnützes Wissen: Eine Ente kann gleichzeitig mit einem Auge schlafen. Also, wenn du denkst, du bist ein guter Multitasker, versuch mal das!

9. Warum können Flamingos nur auf einem Bein stehen? Weil sie sonst umfallen würden!

10. Wusstest du, dass man im All nicht weinen kann? Nicht wegen der Schwerelosigkeit, sondern weil keiner deine schlechten Witze hört!

11. Warum laufen Strauße so schnell? Weil sie es eilig haben, unnützes Wissen zu verbreiten!

12. Wusstest du, dass Giraffen keine Stimmbänder haben? Gut, dass sie keine Opernsänger sind!

13. Warum haben Hühner keine Zähne? Damit sie die Zahnfee nicht ständig nerven!

14. Wusstest du, dass Honig nie schlecht wird? Also, falls du beim Aufräumen einen antiken Honigtopf findest, nur zu – es ist noch essbar!

15. Warum fliegen Enten im Winter nach Süden? Weil es zu weit wäre, um zu laufen!

16. Unnützes Wissen: Ameisen schlafen nie. Also, wenn du dich das nächste Mal müde fühlst, denk dran – es könnte schlimmer sein!

17. Wusstest du, dass Kühe mehr Milch geben, wenn sie Musik hören? Also, wenn deine Milch wässrig ist, hatte die Kuh wahrscheinlich einen schlechten DJ!

18. Warum haben Elefanten große Ohren? Damit sie all das unnütze Wissen besser hören können!

19. Wusstest du, dass der Mensch im Durchschnitt sieben Jahre seines Lebens mit Warten verbringt? Kein Wunder, dass wir so viel unnützes Wissen ansammeln!

14. Humorvolle Kurzgeschichten

Geschichte 1: Die Technik-Falle

Herr Müller hatte sich vorgenommen, endlich mit der modernen Technik Schritt zu halten. Er kaufte sich ein Smartphone und meldete sich für einen Einführungskurs an. Nach einer Stunde des Erklärens von "Apps" und "Widgets" war er der festen Überzeugung, dass diese Begriffe einfach nur erfunden wurden, um Rentner zu verwirren. Als die Kursleiterin am Ende fragte, ob es noch Fragen gäbe, meldete sich Herr Müller und fragte ernsthaft: "Und wann kann ich mit diesem Ding Kaffee kochen?"

Geschichte 2: Die Einkaufslisten-Revolution

Frau Schmidt hatte eine brillante Idee, um die ewigen Zettelwirtschaften ihrer Einkaufslisten zu beenden: Sie würde einfach eine Sprachnachricht auf ihr neues Smartphone sprechen. Voller Elan sprach sie alle benötigten Lebensmittel ein und ging in den Supermarkt. Dort angekommen, stellte sie fest, dass sie die Lautstärke ihres Telefons nicht kannte und es plötzlich auf voller Lautstärke ihre Einkaufsliste durch den gesamten Laden brüllte. Die anderen Kunden applaudierten, als sie verlegen versuchte, das Telefon auszuschalten.

Geschichte 3: Der Fitness-Wahn

Herr und Frau Schneider beschlossen, dass es Zeit für ein wenig Fitness war. Sie meldeten sich im Fitnessstudio an und nahmen gleich an einem Kurs für "Senioren-Yoga" teil. Der Kursleiter zeigte eine einfache Übung: "Der Hund". Herr Schneider lag am Boden und schaute skeptisch zu seiner Frau. "Ich fühle mich eher wie ein umgekippter Käfer", sagte er, während er versuchte, sich zu drehen. Die anderen Teilnehmer konnten vor Lachen kaum weitermachen, als sie sahen, wie er schließlich aufgab und sich einfach auf den Rücken legte, um eine Pause zu machen.

Geschichte 4: Die Gartenparty

Familie Meier plante eine Gartenparty und lud alle Nachbarn ein. Herr Meier, ein leidenschaftlicher Hobbygärtner, wollte den Gästen seine neueste Errungenschaft präsentieren: einen Rasenmäher-Roboter. Stolz schaltete er das Gerät ein und erklärte, dass es den gesamten Rasen perfekt mähen würde. Doch der Roboter hatte andere Pläne und begann, in chaotischen Mustern durch den Garten zu fahren, Pflanzen umzustoßen und die Gäste zu jagen. Am Ende war der Rasen noch ungemäht, aber alle hatten einen Riesenspaß und lachten über den rebellischen Roboter.

Geschichte 5: Die Kreuzfahrt-Panne

Herr und Frau Wagner gönnten sich eine Kreuzfahrt, um ihren Ruhestand zu feiern. Am ersten Abend sollten alle Passagiere an einer Sicherheitsübung teilnehmen. Herr Wagner, ein passionierter Scherzkeks, beschloss, die Sache ein wenig aufzulockern. Als der Alarm losging, rannte er mit einer aufblasbaren Schwimmweste und einem Schnorchel durch das Deck, rief "Mann über Bord!" und sprang in den Pool. Die Crew war entsetzt, aber die Passagiere lachten herzhaft. Am Ende stellte sich heraus, dass Herr Wagner heimlich Schauspieler war und die Übung war die lustigste, die das Kreuzfahrtschiff je gesehen hatte.

Geschichte 6: Die sprechende Pflanze

Herr Müller war stolz auf seine Zimmerpflanzen und hegte und pflegte sie jeden Tag. Eines Morgens entdeckte er, dass eine seiner Pflanzen vertrocknet war. "Ich hätte wohl mehr mit dir reden sollen", seufzte er. Also stellte er ein kleines Radio neben die Pflanze und schaltete einen Nachrichtensender ein. Zwei Tage später erzählte er seiner Frau, dass die Pflanze wieder lebendig aussah. "Vielleicht mag sie einfach keine Stille", scherzte er. Doch in der folgenden Woche war die Pflanze wieder verwelkt. Herr Müller überlegte laut, ob sie wohl nur Musik mochte. Als er eine Oper einlegte, begann die Pflanze tatsächlich zu blühen. "Sie hat einfach einen guten Musikgeschmack",

au.

Geschichte 7: Der Fitnesswahn

Herr Meier beschloss, fit zu bleiben und kaufte sich ein Springseil. "Das wird einfach", sagte er zu seiner Frau, als er es zum ersten Mal ausprobierte. Nach zwei Sprüngen blieb er mit den Füßen hängen und landete unsanft auf dem Boden. Frau Meier und die anderen konnten sich das Lachen kaum verkneifen. Entschlossen machte Herr Meier weiter und schaffte schließlich zehn Sprünge am Stück. Als er stolz ihren Erfolg verkündete, fragte seine Frau : "Und wann machen wir das nächste Marathontraining?" Herr Meier rollte mit den Augen und antwortete: "Vielleicht nach einem kleinen Nickerchen." Danach wurde das Springseil nur noch zum Aufhängen der Wäsche benutzt.

Geschichte 8: Die verflixte Fernbedienung

Herr Schulze hatte Schwierigkeiten, sich mit der neuen Technik anzufreunden. Eines Abends wollte er den Fernseher einschalten, griff aber versehentlich zur Fernbedienung des Garagentors. Plötzlich öffnete sich die Garage, und Herr Schulze stand verwirrt im Wohnzimmer. Seine Frau kam herein und fragte lachend: "Was hast du denn jetzt wieder angestellt?" Er erklärte es ihr und sie konnte sich vor Lachen kaum halten. Um das Problem zu lösen, klebte sie ein großes Etikett auf jede Fernbedienung. Doch am nächsten Abend erwischte er die Fernbedienung für den Ventilator. Der Fernseher blieb aus, aber der Ventilator drehte sich munter im Kreis. "Ich sollte wohl lieber einen Universalfernbedienungs-Kurs besuchen", seufzte Herr Schulze.

Geschichte 9: Die Abenteuer im Supermarkt

Herr und Frau Becker gingen zusammen einkaufen, was immer ein kleines Abenteuer war. Als sie bei den Regalen für Hundefutter ankamen, meinte Herr Becker: "Lass uns was Neues für unseren Hund ausprobieren." Frau Becker war einverstanden und sie nahmen eine Dose mit, die sie noch nie probiert hatten. Zuhause angekommen, bemerkten sie, dass sie statt Hundefutter eine Dose mit Kaviar gekauft hatten. "Unser Hund wird heute königlich speisen", lachte Herr Becker. Beim nächsten Einkauf entschlossen sie sich, diesmal genauer hinzuschauen. Doch als sie zuhause die Einkaufstüte auspackten, stellten sie fest, dass sie wieder etwas falsch gemacht hatten. Statt Butter hatten sie eine große Packung Margarine gekauft. "Vielleicht sollten wir einen Einkaufsführer einstellen", scherzte Frau Becker.

Geschichte 10: Der Golfausflug

Herr Wagner wollte seinen Ruhestand genießen und begann, Golf zu spielen. Er kaufte sich eine komplette Golfausrüstung und ging zum ersten Mal auf den Golfplatz. Beim ersten Schlag flog der Ball direkt ins Wasser. "Das fängt ja gut an", murmelte er. Beim zweiten Versuch landete der Ball im Sandbunker. "Ich habe wohl einen schlechten Tag", sagte er. Beim dritten Schlag traf er den Ball endlich und schickte ihn weit ins Grüne - leider in die Richtung des Parkplatzes. Als er dort ankam, sah er, dass sein Ball eine Windschutzscheibe zerschlagen hatte. "Vielleicht sollte ich es doch lieber mit Minigolf versuchen", lachte Herr Wagner. Seine Frau, die ihn begleitete, konnte sich das Lachen nicht verkneifen: "Vielleicht sollten wir ein Buch schreiben: 'Golf für Anfänger und Versicherungsfälle'."

15. Hobby-Ideen für den Ruhestand

1. Ahnenforschung betreiben
die Familiengeschichte erforschen und aufschreiben.

2. Kreatives Schreiben
Kurzgeschichten, Gedichte oder Memoiren verfassen.

3. Buchclub gründen
regelmäßige Treffen zum Austausch über gelesene Bücher.

4. Fotografie
neue Techniken lernen und eigene Fotobücher erstellen.

5. Handarbeit
Stricken, Häkeln, Nähen oder Quilten.

6. Gartenarbeit
Pflanzen züchten, einen Kräutergarten anlegen oder Bonsai pflegen.

7. Kochen und Backen
neue Rezepte ausprobieren und vielleicht ein Kochbuch schreiben.

8. Malen und Zeichnen
mit verschiedenen Techniken und Materialien experimentieren.

9. Musizieren
ein neues Instrument lernen oder in einem Chor singen.

10. Fremdsprachen lernen
eine neue Sprache erlernen und anwenden.

11. Reisen
neue Orte entdecken und Reiseberichte verfassen.

12. Volunteering
ehrenamtliche Arbeit in Bibliotheken, Museen oder Schulen.

13. Puzzeln und Rätsel lösen
Kreuzworträtsel, Sudoku oder Puzzles.

14. Fitness und Yoga
sich körperlich fit halten und neue Entspannungstechniken lernen.

15. Basteln und DIY-Projekte
kreative Heimwerkerprojekte oder Upcycling.

16. Videografie
eigene Filme drehen und bearbeiten.

17. Modellbau
Eisenbahnen, Flugzeuge oder Schiffsmodelle basteln.

18. Computerkurse
digitale Kenntnisse erweitern und in Online-Communities aktiv werden.

19. Botanischer Zeichnen
Pflanzen und Blumen naturgetreu zeichnen.

20. Astronomie
den Sternenhimmel beobachten und Astrofotografie betreiben.

Schlusswort

Liebe Leserinnen und Leser,

wir hoffen, Sie hatten genauso viel Freude beim Lesen dieses Buches wie wir beim Zusammenstellen der Inhalte. Das Buch sollte Ihnen nicht nur viele heitere und unterhaltsame Momente bescheren, sondern auch die eine oder andere neue Erkenntnis bringen. In einer Welt voller erstaunlicher Fakten, skurriler Geschichten und überraschender Wissensbrocken gibt es immer wieder Neues zu entdecken, und wir sind froh, dass wir Sie auf dieser Reise begleiten durften.

Unser Ziel war es, Ihre Freizeit mit Humor und Wissen zu bereichern und Ihnen eine Auszeit vom Alltag zu schenken. Ob durch vergnügliche Wissenschaft, historische Anekdoten oder kulinarische Kuriositäten – wir hoffen, dass dieses Buch Ihnen viele schöne Stunden bereitet hat. Die Rätsel, Witze und Kurzgeschichten sollten nicht nur Ihre Lachmuskeln strapazieren, sondern auch Ihren Geist anregen und Ihre Fantasie beflügeln.

Mögen die Tage, die vor Ihnen liegen, genauso erfüllt sein von Lachen und Staunen wie die Seiten dieses Buches. Nehmen Sie die neu gewonnenen Erkenntnisse und das Lächeln mit in Ihren Alltag und teilen Sie sie mit Freunden und Familie. Denn wie wir alle wissen, sind die besten Geschichten die, die wir miteinander teilen.

Wir bedanken uns herzlich für Ihre Zeit und wünschen Ihnen weiterhin viel Freude und Heiterkeit in Ihren goldenen Jahren. Bleiben Sie neugierig, bleiben Sie humorvoll und vor allem: Bleiben Sie glücklich!

Wenn Ihnen das Buch gefallen hat, würden wir uns über eine Bewertung auf Amazon freuen.

Vielen Dank!

Mit den besten Wünschen,

Ihr AMARA-Verlag

AMARA VERLAG

Impressum:

1. Auflage

Zamdorferstraße 100a, 81677 München

E-Mail: AMARA-Verlag@outlook.com

ISBN Taschenbuch: 978-3-911052-03-0

Printed in Poland
by Amazon Fulfillment
Poland Sp. z o.o., Wrocław

38335921R10094